W0233821

A
L
T

Über dieses Buch

Ich heiße Petra Bartoli y Eckert. Ich bin Schriftstellerin und schreibe Bücher für Kinder und Jugendliche. Für den Verlag an der Ruhr habe ich schon einiges geschrieben, z.B. einen Roman. Unter anderem habe ich auch die Literatur-Karteien, also Unterrichtsmaterialien, für die Reihe K.L.A.R. reality verfasst. Ich finde diese Romanreihe spannend und toll, weil es sich um Geschichten handelt, die wirklich passiert sind. Junge Menschen erzählen in den Romanen davon, was sie alles erlebt haben. Die meisten Geschichten in der Reihe behandeln allerdings sehr schwierige Themen, wie Drogenabhängigkeit, Haftstrafen oder schwere Krankheiten. Die Mitarbeiter des Verlags an der Ruhr und ich hatten irgendwann die Idee, auch einmal eine etwas andere wahre Geschichte zu erzählen. Eine Geschichte, die sich mit einem positiven Thema beschäftigt, das Jugendliche aber trotzdem richtig interessiert.

Da fiel mir Elli ein. Sie hatte 2004 die Castingshow *Deutschland sucht den Superstar* (DSDS) gewonnen. Den Traum, ein Star zu werden, haben sicher viele Jugendliche, und auch DSDS ist sehr beliebt.

Elli hat das geschafft, wovon viele Jugendliche träumen: Sie ist nicht nur Superstar (und somit auch berühmt) geworden, sondern sie hat sich auch ihren Lebenstraum verwirklicht, professionell Musik zu machen. Also fragte ich sie, ob sie Lust hätte, gemeinsam mit mir ihre Lebensgeschichte zu erzählen. Sie sagte sofort begeistert zu. Wir trafen uns immer wieder und planten gemeinsam, was alles in die Geschichte mit hineinmusste. Wir besprachen, wie man einzelne Szenen am besten erzählen konnte. Meist schrieb Elli dann alleine, und ich ergänzte Dinge, die wir besprochen hatten. Oder sie schrieb, während wir uns trafen und über ihre Geschichte sprachen. So entstand der Roman „Gecastet". Ich hoffe, dass du beim Lesen genauso viel Spaß haben wirst, wie Elli und ich beim Schreiben hatten!

Herzliche Grüße

Petra Bartoli y Eckert

Vorwort von Elli

Servus (wie man in Bayern sagt)!
Ich, Elli Erl, soll ein Buch, meine Autobiografie, schreiben? Ich selbst wäre wahrscheinlich nicht auf diese Idee gekommen, wäre nicht der Verlag letztes Jahr auf mich zugekommen und hätte gefragt, ob ich nicht Lust dazu hätte. Im ersten Moment wusste ich gar nicht, ob ich in meinem bisherigen Leben schon so viel erlebt habe, um ein ganzes Buch darüber zu schreiben.
Aber sobald ich damit anfing, fand ich das Schreiben ein ganz spannendes Erlebnis. Plötzlich kamen so viele tolle Geschichten zum Vorschein, die ich schon glaubte, vergessen zu haben.
Das aufregendste Erlebnis meines Lebens war bestimmt *Deutschland sucht den Superstar*. Ich habe im Jahr 2004 diese Castingshow gewonnen. Dieses Ereignis hat mein komplettes Leben auf den Kopf gestellt, und plötzlich war nichts mehr so, wie es vorher war. Wie es dazu kam und was vorher und nachher alles so passierte, möchte ich dir in diesem Buch erzählen.

Ich will dir dabei zeigen, dass es eine Menge harter Arbeit ist, so weit zu kommen, dass man DSDS gewinnt, und dass ich für meinen Traum kämpfen musste. Aber es hat sich gelohnt: Mit dem Sieg bei DSDS bin ich nämlich nicht nur Superstar geworden. Auch mein Lebenstraum, professionell Musik zu machen, ist wahr geworden. Ich will dir aber auch erzählen, dass man nicht automatisch für den Rest seines Lebens reich und berühmt ist, nur weil man einmal eine Castingshow gewinnt. Auch das Leben als Superstar hat seine Schattenseiten.

Ich hoffe, dir gefällt meine kleine, aber feine und sehr ehrliche Geschichte mit all ihren Höhen und Tiefen.

Viele liebe Grüße

Prolog

Ich hatte total schwitzige Hände. Mein Puls ging so schnell, dass es kaum auszuhalten war. Ich stand noch hinter den Kulissen. Von dort hörte ich die Menschen im Studio meinen Namen rufen: „Elli, Elli, Elli …"
„Hoffentlich geht alles gut", war der einzige klare Gedanke, den ich fassen konnte.
Wo war ich da nur gelandet? Ich hatte das geschafft, wovon so viele träumen: Ich stand im Finale von *Deutschland sucht den Superstar*. Total krass. Vor ein paar Monaten hatte ich noch nicht einmal im Traum daran geglaubt, so weit zu kommen.
„Und hier sind unsere Finalistinnen. Sie wurden aus über 20 000 Bewerbern ins Finale gewählt. Hier sind Elli und Denise!", rief Carsten Spengemann. Über 1000 Zuschauer im Studio brachen in Jubel aus. Und Millionen Fernsehzuschauer in den Wohnzimmern verfolgten die Szene.
Jetzt gab es kein Zurück mehr. Wir mussten ein letztes Mal da raus auf die Bühne. Und wir mussten beweisen, dass wir es verdient hatten, im Finale zu stehen …

AM ANFANG WAR MUSIK

„Ich find' dich geil. Ich hab' noch nie für einen Kandidaten angerufen – für dich werde ich es tun", sagte Shona Fraser und lächelte mich an. „Ich fand dich so überzeugend heute Abend, also sei stolz auf dich!"
Oh mein Gott! Ich bekam weiche Knie.
So ein Lob ging echt runter wie Öl.

Deutschland sucht den Superstar kennen bestimmt die meisten von euch. Diese Sendung und die Teilnahme daran haben mein Leben grundlegend verändert. Bevor ich mich aber dort beworben habe, hatte ich eigentlich schon meine ganze Kindheit und Jugend über mit Musik zu tun. Ich habe die verschiedensten Instrumente gelernt und in unterschiedlichen Bands gespielt. Gott sei Dank haben meine Eltern mich dabei immer unterstützt und mir alle Instrumente, die ich mir in den Kopf gesetzt hatte, gekauft. Aber alles der Reihe nach. Mein Name ist Elisabeth Maria Erl. Die meisten kennen mich aber bestimmt besser unter dem Namen „Elli". Ich habe die zweite Staffel von DSDS im Jahr 2004 als bisher einzige Frau gewonnen.

Geboren bin ich am 25.5. 1979 im niederbayerischen Straubing. Ganz in der Nähe, in einem kleinen Dorf südlich des Weißwurstäquators, bin ich aufgewachsen. Zu meiner Familie zählen natürlich meine Eltern, nämlich meine Mama Renate und mein Papa Ludwig. Meine Mama nennt mich das Sandwich-Kind, was daran liegt, dass ich noch zwei tolle Brüder habe: meinen zwei Jahre älteren Bruder Lugge und den zwei Jahre jüngeren Josy.

– – – –

Meine Liebe zur Musik hat schon in der Grundschule angefangen. Da hatte ich sozusagen mein „erstes Livekonzert" vor Publikum. Ich war damals in der ersten Klasse, und wir sollten eine Weihnachtsgeschichte vorspielen. Meine Mitschüler haben Theater gespielt, und ich habe die Geschichte ganz alleine vorgesungen. Meine Mutter meinte, ich wär' sehr cool gewesen und hätte überhaupt nicht aufgeregt gewirkt. Scheinbar wollte ich da schon ganz groß rauskommen, dabei war ich doch erst sechs Jahre alt und habe mir überhaupt keine Gedanken über so etwas gemacht.

Ich habe aber nicht nur gesungen, sondern auch Instrumente gelernt. Mit fünf kauften mir meine Eltern eine Melodika. Das ist so eine Art „Mini-Klavier" zum Reinpusten. Klingt ziemlich schräg. Mein kleiner Bruder Josy benutzt das teilweise heute noch in seiner Band. Nachdem ich es auch kurz mit Flötespielen versucht hatte, kaufte mein Opa mir und meinen Brüdern ein Akkordeon. Ich war damals sieben Jahre alt, und mein Opa meinte: „So, und eitz lernts Quetschn!" (Hier die hochdeutsche Übersetzung: „So, und jetzt lernt ihr Akkordeon!")

- - - -

Es sah immer ziemlich lustig aus, wenn ich das Akkordeon umgehängt hatte. Da ich so klein war (was ich übrigens immer noch bin),

verschwand ich fast hinter diesem riesigen
Gerät. Damit ich das Instrument auch spielen
lernte, meldeten mich meine Eltern in der
Musikschule im Nachbarort an. Dort bekam
ich nicht nur Unterricht, sondern spielte
obendrein bald im Akkordeonorchester.
Ich muss ganz ehrlich sagen: Das war meine
schlimmste musikalische Erfahrung! Wenn
gefühlte 100 Akkordeonschüler versuchen,
ein und dasselbe Stück zu spielen, kann das
nicht gut werden. Aber ich hab' es tapfer
durchgezogen.

– – – –

Um es gleich zu sagen: Ich war keine Muster-
schülerin. Im Gegenteil – ich war sogar ziemlich
faul. Zum Üben hatte ich echt keinen Bock.
„Spiel mir bitte das Stück vor, das du zur
Hausaufgabe aufhattest", forderte mich Herr
Fischer, mein Musiklehrer, am Anfang jeder
Musikstunde auf.
„Oh nein", dachte ich, „wieder nicht richtig
geübt."
Nervös blätterte ich dann immer in meinen
Noten und ließ mir viel Zeit. Aber nachdem

die ersten Notenzeilen geschafft waren, spielte ich das Lied relativ flüssig bis zum Ende durch. Schließlich sagten mir die Noten auf dem Blatt ja, was ich zu spielen hatte. Musik lag mir irgendwie wohl immer schon im Blut.

– – – –

Unser Opa war in meiner Kindheit oft bei uns zu Besuch. Er saß dann im Garten vor dem Gartenhäuschen und wartete auf uns, wenn wir aus der Schule kamen. „Grüß euch. Ich hab' schon auf euch gewartet", lächelte uns Opa entgegen. Zufrieden setzte er sich auf seinem Stuhl zurecht. Und dann wussten meine Brüder und ich immer, was zu tun war. „Wir sind gleich wieder da", versprach ich und rannte ins Haus. Meine Brüder folgten mir. Wir holten unsere Instrumente, stellten die Notenständer im Garten auf, und los ging's. „Fangt doch mit *La Paloma ohe* an", wünschte sich Opa meist als Erstes. Meine Brüder und ich sahen uns an und rollten ein bisschen mit den Augen. Aber nur so, dass mein Opa es nicht sehen konnte. Die Lieder, die unser Opa von uns hören wollte, waren für uns Kinder nicht besonders cool: vom *Zillertaler Hochzeits-marsch* bis hin zu seinem absoluten Lieblings-lied *Patrona Bavariae*. Trotzdem finde ich es im Nachhinein gut, auch diese Musikrichtung kennengelernt zu haben. Wir waren immerhin zu dritt und konnten uns so beim Vorspielen immer schön abwechseln. Wirklich cool fan-den wir außerdem Opas Belohnung.

„Schaut mal, ich hab' was für euch", meinte er nach unserer Darbietung. Dann kramte er in seiner Tasche nach der Geldbörse. Er steck-te uns nach dem Vorspielen immer etwas Ta-schengeld zu. So hatten wir alle was davon.

– – – –

Nach der Grundschule kam ich aufs Gymna-sium. Und weil ich in Mathe nicht unbedingt eine Leuchte war, beschlossen meine Eltern, mich auf eine Schule mit musischem Zweig zu schicken. (Danke Mama, danke Papa. Das war eine der wichtigsten und besten Ent-scheidungen, die ihr für mich treffen konn-tet.)

Auf der neuen Schule begann ich, Klavier zu lernen. Ich hatte echt Glück: Herr Ziegler, der

Musiklehrer, machte mit uns einfach alles: von Pop bis Rock, von Klassik bis Jazz. Und vor allem konnte er junge Menschen, und eben auch mich, für Musik begeistern.

Jeden Tag, wenn ich von der Schule nach Hause kam, pfefferte ich erstmal die Schultasche in die Ecke.

„Elli, Essen ist fertig!" rief meine Mutter.

„Ich hab' noch keinen Hunger", antwortete ich. Meine Mutter seufzte und schüttelte den Kopf. Aber ich brauchte zuerst eine Auszeit.

„Nur kurz Klavierspielen", meinte ich. Meine Mutter nickte dann verständnisvoll, als ich mich ans Klavier setzte. Probleme hatte ich zwar keine in der Schule, aber nach sechs Stunden Unterricht musste ich einfach abschalten. Darum saß ich jeden Tag nach der Schule erstmal eine halbe Stunde am Klavier und spielte. Dabei habe ich alles andere um mich herum vergessen.

„So, jetzt geht's wieder", sagte ich anschließend zufrieden. Dann konnte ich mich auch an den Mittagstisch setzen.

— — — —

Eines Tages, während meiner Klavierstunde, meinte Herr Ziegler zu mir: „Du, Elli? Hättest du nicht Lust, Trompete zu spielen? Denn alle kleinen Menschen können Trompete spielen." Herr Ziegler war nicht gerade einer der Größten und wollte wohl, dass ich in seine Fußstapfen trete – und ich war definitiv auch klein.

Ich nickte, und Herr Ziegler hielt mir eine Trompete hin. Mutig setzte ich das Mundstück an. Wie das ging, wusste ich, denn ich hatte Herrn Ziegler schon oft beim Spielen zugehört.

„Blas mal rein", forderte er mich auf. Ich holte Luft. Dann blähte ich meine Backen auf und ließ die Luft langsam in die Trompete strömen. Wow! Es kam wirklich ein Ton heraus. Stolz grinste ich Herrn Ziegler an.

„Klingt für den Anfang gar nicht so schlecht", lobte er mich. Ich zuckte mit den Schultern. „Das klang wohl eher wie die Titanic kurz vor ihrem Untergang", meinte ich zerknirscht.

„Es ist noch kein Meister vom Himmel gefallen!", lachte Herr Ziegler, als er meinen zweifelnden Blick sah.

„Ich bin mir sicher, du bekommst das im Laufe der Zeit hin", ermutigte er mich.

„Du kannst dir zum Üben eine Trompete aus der Schule leihen", schlug er vor. Stolz trug ich mein Leihinstrument nach Hause. Das waren meine ersten Schritte als frisch gebackene Trompeterin.

– – – –

Irgendwann konnte ich so gut spielen, dass ich als einziges trompetendes Mädchen in der Big Band der Schule mitmachte. Um unsere Nummern noch etwas aufzupeppen, fehlte allerdings der Gesang.

„Na, Elli, wie wär's? Hättest du nicht auch Lust, zu singen?", fragte Herr Ziegler. Er kannte meine Stimme schon aus dem Musikunterricht.

„Na klar", reagierte ich ganz cool. Dabei war ich in Wirklichkeit schon etwas unsicher. Wir probierten es gleich mal aus. Ich spielte die Einleitung eines Stückes noch auf meiner Trompete mit. Dann hüpfte ich ganz schnell zum Mikrofon und zum Notenständer, auf dem das Blatt mit dem Text lag. Sobald ich fertig gesungen hatte, ging's wieder zurück an die Trompete. Herr Ziegler meinte: „Deine

Stimme passt super zur Big-Band-Musik!"
Klar war ich da stolz wie Oskar. Und so wurde
jede Probe und jeder Auftritt für mich zu einer kleinen Sportstunde: Trompete an den
Mund, Trompete zur Seite stellen, Spurt zum
Mikrofon, und das Ganze wieder zurück. Ich
mochte meinen Musiklehrer so gerne, dass
ich ihm eines Tages einen kleinen Trompeten-
spieler aus Porzellan geschenkt habe, den er
noch heute in seinem Musikraum stehen hat.

– – – –

Bald gehörte nicht nur Trompetespielen,
sondern auch Singen für mich in jeder Le-
benslage dazu. Ich sang mittlerweile neben
der Big Band auch im Schulchor mit. Aber
auch zu Hause trällerte ich ständig. Damit es
nicht zu langweilig wurde, bat ich meinen
Vater eines Tages, mir ein paar Griffe auf der
Gitarre zu zeigen. Man muss dazu sagen,
dass er selbst nur zwei Lieder begleiten konnte. Für mich aber war mein Vater damals der
beste Gitarrist der Welt. Schnell konnte ich
mich selbst bei einigen Liedern begleiten.
Ich teilte mir viele Jahre mit meinem kleinen

Bruder Josy ein großes Zimmer, das nur durch eine dünne Trennwand geteilt war. In seinem Teil stand ein Schlagzeug und in meinem Papas Gitarre. Irgendwann hatten wir die Idee: Wir gründeten eine Band! Ich glaube, wir nannten uns die *Erl Brothers and Sisters*.

„Hey Elli, los, lass uns groß rauskommen!", meinte Josy. Ich war sofort damit einverstanden, schnappte mir die Gitarre und die Haarbürste als Mikrofon. Josy setzte sich hinters Schlagzeug, und die Bühne gehörte uns. „Wie wär's mit *To be with you?*", schlug ich vor. Josy nickte und zählte den Song ein. „One, two, three, four ..." Und los ging's. Im Hintergrund lief der Kassettenrekorder als Playback. Da wir den Text noch nicht gut mitsingen konnten, spulten wir ständig die Kassette wieder zurück. So oft, bis wir meinten, den Text richtig herausgehört zu haben. In Wirklichkeit war es an vielen Stellen ein lustiges Fantasie-Englisch, das wir zur Melodie sangen.

– – – –

Die Musik hat bei mir einen großen Teil dazu beigetragen, dass meine Kindheit und Schulzeit so toll waren und mir so viel Spaß gemacht haben. Mir ist klar, dass das nicht alle Schüler von sich behaupten können. Ich hatte also nicht nur sechs Stunden Schule jeden Tag. Mit der Big Band und dem Schulchor hatten wir ja auch nach der Schule immer wieder Proben und Auftritte. Musik hat es für mich leicht gemacht, Freunde zu finden. In der Big Band und im Chor war es egal, wie alt man war, wie man aussah und ob man ein Junge oder ein Mädchen war.

MEINE ERSTE
RICHTIGE BAND

„Die nächste Kandidatin, die hat's wirklich drauf. Sie heißt Elli und wurde
bisher von der Jury sehr, sehr gelobt.
Aber jetzt zeigt sie uns einmal, auf was
sie wirklich abfährt", kündigte mich
Carsten Spengemann an.
 Ja, ich wollte es ihnen zeigen. Ich griff
zum Mikrofon und legte los.

Mit 15 kam ich zu meiner ersten richtigen
Band. Es war Sommer, und es gab ein tolles
Open-Air-Konzert im Schlosshof in der Nähe
meiner Schule. Weil es am Nachmittag statt-
fand und viele aus meiner Schule auch hingehen durften, erlaubten es mir auch meine
Eltern. Die Hauptattraktion war eine damals
angesagte Funk-Band aus unserer Gegend.
Ich fand allerdings die Vorband wesentlich
spannender. Sie hieß *Panta Rei,* und ich

kannte den Bassisten Flo flüchtig aus meiner Schule. Ich stand den ganzen Auftritt über wie hypnotisiert vor der Bühne und dachte mir: „Wow, in so einer Band würde ich auch gerne mitspielen!"

Nach dem Auftritt nahm ich meinen ganzen Mut zusammen und ging zu den Leuten von der Band, die neben der Bühne gerade ihre Instrumente einpackten.

– – – –

„Hallo Flo", sprach ich den Bassisten an und grinste ziemlich blöd. Ich war sehr aufgeregt! Er fragte mich ganz cool: „Na, hat dir unser Auftritt gefallen?"

„Ihr wart total super!", stotterte ich.

Neben mir stand die Keyboarderin der Band, die sich sehr über das Kompliment freute. Gleich fragte sie mich: „Willst du mit hinter die Bühne kommen? Dann kann ich dir alles zeigen, und wir können da weiterquatschen!"

Ihr glaubt gar nicht, welch großer Traum damals für mich in Erfüllung ging. Ich hing die restliche Zeit des Konzerts mit der Band backstage ab!

Drei Wochen später sprach mich Flo total
überraschend in der Aula meiner Schule an.
Es war Pause, und ich hatte gerade den
Mund voll.

„Hättest du Lust, bei unserer Band *Panta Rei*
vorzusingen? Unser Sänger und Gitarrist ist
nämlich gerade ausgestiegen."
Das Pausenbrot blieb mir im Hals stecken.
Ich schluckte krampfhaft und versuchte,
cool zu reagieren.

„Ja klar", war meine Antwort. Ich weiß nicht,
ob ich so souverän rüberkam, wie ich wollte.
Aber egal.

„Wann hast du denn mal Zeit, in unseren
Proberaum zu kommen?"
Am liebsten hätte ich geantwortet: „Jetzt
sofort!"
Aber das ging leider nicht. Es lagen ja noch
drei Schulstunden vor mir. Wir verabredeten
uns für den nächsten Tag.

– – – –

Panta Rei probte in einem alten Kasernen-
gebäude, in dem sie einen eigenen kleinen
Raum hatten.

„Hier, lies dir den Text mal durch. Kennst du den Song? Kannst du das singen?", begrüßte mich Nina, die Keyboarderin. Sie drückte mir ein Textblatt in die Hand, und wir legten gleich los. Nach dem Vorsingen sollte ich noch etwas auf der Trompete vorspielen. Ich improvisierte, was das Zeug hielt. Ich wollte sie beeindrucken. Anschließend schickte mich die Band aus dem Raum. Die Bandmitglieder beratschlagten, ob ich gut genug für sie war. Nach endlosen Minuten, mir kam es wie Stunden vor, holten sie mich zurück in den Proberaum.

„Das war schon ganz o.k.", sagte Nina zu mir. „Du kannst ja ab und an den Proberaum putzen und Trompete spielen." Sie sah mich ernst an, und mir war klar, dass das kein Scherz war. Später erklärte mir Nina mal, dass sie einfach nur eifersüchtig auf mich war, weil sie plötzlich nicht mehr das einzige Mädchen in der Band war.

So hatte ich mir das echt nicht vorgestellt! Gut, dass die Jungs in der Überzahl und auf meiner Seite waren.

„Wir haben abgestimmt und beschlossen, dass du unsere neue Sängerin bist", meinte Flo. Somit war ich in der Band. Meinen Jubel hörte man wahrscheinlich noch drei Straßen weiter, und das Dauergrinsen hielt eine ganze Woche an. Sofort hatten wir die nächsten Proben vereinbart und trotz Ninas erster Abfuhr wurden wir kurze Zeit später beste Freundinnen.

– – – –

Wir trafen uns fast täglich nach der Schule im Proberaum und bastelten an eigenen Liedern. Nach und nach wurde unser Repertoire immer umfangreicher, und wir beschlossen, uns um einen Auftritt zu kümmern. Unser Schlagzeuger Stefan kannte in unserer Stadt einen Kneipenbesitzer, der in seinem Lokal eine kleine Bühne hatte. Dort traten regelmäßig Bands auf. Auch wir bekamen dort unsere Chance, uns vor Publikum zu präsentieren. Wir vereinbarten einen Termin für den Auftritt und gingen sofort an die Werbung und Planung für das Konzert. Wir machten Fotos von uns und bastelten Plakate, die wir selbst kopierten und in der Kneipe, der Schule und beim Metzger um die Ecke aufhingen.

Auch die Bühnenperformance und das Outfit mussten stimmen. Wir probten wie die Wilden. Das Konzert sollte mit einem Überraschungseffekt beginnen. Dazu stellte uns der Wirt seine Nebelmaschine zur Verfügung, und wir besorgten eine riesige schwarze Plane, die wir vor die Bühne hingen, sodass man uns vor dem ersten Ton nicht sehen konnte. So, und jetzt kam der Clou: Wir pumpten Nebel um uns herum auf die Bühne, auf der wir bereits standen. Der Plan war, dass Freunde beim ersten Ton die Plane mit einem Ruck herunterreißen sollten. Leider ging das ziemlich in die Hose. Wir standen hustend und keuchend im Nebel auf der Bühne, und die Plane hielt und hielt. Erst ab der Hälfte des Einstiegsongs, schafften es unsere Freunde endlich, die Plane zu lösen. Jetzt war die Sicht auf uns frei. Das Konzert war trotz der anfänglichen Schwierigkeiten ein voller Erfolg! Am Schluss musste mich Nina richtiggehend von der Bühne zerren, da mir der Auftritt so viel Spaß machte und ich einfach nicht aufhören wollte.

– – – –

Von diesem Erfolg beflügelt, strebten wir ziemlich bald nach Größerem. Unsere Idee war es, unsere erste eigene CD aufzunehmen. Flos Bruder, der auch Musiker war, ließ für uns seine Verbindungen spielen und vermittelte uns ein Studio, in dem wir unsere Lieder aufnehmen konnten. Der einzige Haken daran war, dass die Aufnahmen eine Stange Geld kosteten und wir alle noch Schüler waren. Wir beschlossen, unsere Eltern zu fragen, ob sie uns unterstützen würden.

An einem Samstagabend wartete ich den perfekten Zeitpunkt ab und stellte die Frage: „Mama , Papa. Ihr findet doch die Musik, die wir mit *Panta Rei* machen, auch toll, oder?"

Beide nickten und waren schon ganz gespannt, was jetzt folgen würde.

„Wir wollen mit der Band eine CD aufnehmen. Könnt ihr mir vielleicht 500 DM leihen?"

Es folgte großes Schweigen. Mein Vater war der erste, der sich wieder fasste.

„Das ist ganz schön viel Geld."

Ich erklärte ihnen, dass wir schon ein gutes Studio gefunden hatten und die Lieder feststanden.

„Die anderen Eltern geben uns das Gleiche dazu", versuchte ich, meine Eltern zu überzeugen, und ich hatte Erfolg damit. Mit unserem gesammelten Kapital ging es ab ins Studio. Ich weiß, dass ich damals wirklich viel Glück hatte, dass mir meine Eltern das Geld gaben. Denn es ist weder selbstverständlich, dass Eltern so viel Geld einfach zur Verfügung haben, noch dass sie es ihrer Tochter geben, damit sie sich einen Traum erfüllen kann.

– – – –

Unser Plan war es, auf jeden Fall das Geld an unsere Eltern zurückzuzahlen. Nachdem die CD produziert war, organisierten wir ein Konzert in der Kneipe „Zur Linde", einer netten Schüler- und Studentenkneipe. Der Ort war perfekt, um die Platte den richtigen Leuten vorzustellen. Wir hofften, dass wir durch die Eintrittsgelder und die CD-Verkäufe so viel Geld verdienten, dass wir unsere Schulden begleichen konnten. Mein Gott, hatten wir Schiss, dass das in die Hose gehen könnte. Doch wir hatten großes Glück: Die Kneipe war an dem Abend so voll, dass wir ein Zusatzkonzert gleich am darauffolgenden Tag spielten und ohne Probleme unseren Eltern das Geld zurückzahlen konnten.

Aber daran dachten wir in dem Augenblick, als wir die riesige Menschenmenge vor der Bühne stehen sahen, noch nicht. Ich war so nervös, dass ich ganz feuchte Hände hatte.

„Es g'freit mi ganz narrisch, dass ihr olle so zahlreich erschienen seids." (Hier wieder die hochdeutsche Übersetzung: „Es freut mich sehr, dass ihr alle so zahlreich erschienen seid.")

Ich las das von einem Zettel ab. Vor Aufregung konnte ich mir nicht mal diesen einen Satz merken. Nach den ersten Takten merkte ich, dass die Leute Spaß hatten, und von da an war die Nervosität verflogen. Es ist ein schönes Gefühl, wenn am Ende eines Liedes oder eines ganzen Konzertes die Menschen applaudieren und immer mehr haben wollen. Und genau so war es auch an diesen beiden Abenden. Die Band und ich schwebten auf Wolke Sieben.

Das war irgendwie mein erster kleiner Durchbruch.

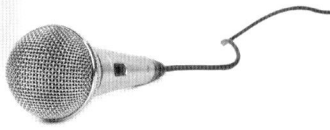

MEIN ERSTER
GROSSER GIG

„Ja, also Elli, du bist ja in einem musikalischen Haifischbecken unterwegs!
Und du schwimmst, wie ich meine, ganz
weit vorne", kommentierte Thomas Bug
meinen Auftritt.
Und ich zeigte ihm gerne meine
„Haifischzähne": Ich strahlte über
das ganze Gesicht!

Unsere Band *Panta Rei* wurde immer besser.
Um einfach noch etwas bekannter zu werden, bewarben wir uns immer wieder bei diversen Bandwettbewerben. Das war dann immer wie ein kleines Casting. Bei einem
Wettbewerb hatten wir gerade auf der Bühne
unser Bestes gegeben und gerockt, was das
Zeug hielt. Jetzt warteten wir in einem Raum
hinter der Bühne auf das Ergebnis der Jury.
Plötzlich ging die Tür auf, und ein auf den

ersten Blick komischer Typ, in einem Mantel, den sonst nur Jäger tragen, kam in den Raum.

„Hi, ich bin der Michi. Ich hab' euren Auftritt gerade gesehen und fand euch ziemlich gut."
„Danke, das freut uns", antwortete ich und fand ihn plötzlich nicht mehr so komisch, sondern irgendwie ganz nett.

— — — —

„Sag mal, habt ihr schon jemanden, der für euch Auftritte vereinbart?", fragte Michi. Hatten wir bis dahin noch nicht.
„Wie wär's denn, wenn ich das für euch übernehme? Ich mach' das zwar noch nicht so lange, aber ich könnte euch bestimmt helfen."
„Cool", antworteten wir begeistert. Wie sich herausstellte, buchte und managte Michi bereits mehrere Bands. Bei dem Bandwettbewerb wurden wir zwar nur Zweiter, dafür war Michi unser Hauptgewinn an diesem Tag. Wir machten einen Vertrag mit ihm, und er legte sofort los. Er organisierte für uns Auftritte in ganz Deutschland und sogar in Österreich, Holland und der Schweiz.

Wie jede andere Band träumten auch wir davon, einen Plattenvertrag zu bekommen. Hey, wir wollten mit unserer Musik berühmt werden! Dafür organisierte Michi uns ab und zu Auftritte vor Plattenfirmenchefs. Eines Tages rief uns Michi an, als wir gerade beim Proben waren, und meinte: „Sagt mal, kennt ihr die Band *Reamonn*?" Und ob wir die kannten. Damals war *Reamonn* mit ihrem Song *Supergirl* auf Platz 1 der deutschen Charts.

„Ich hab' mit der Plattenfirma von *Reamonn* gesprochen. Sie würden euch gerne hören, und ihr könnt in Unna als Vorgruppe von *Reamonn* spielen."

Geil! In unserem Proberaum brach der Jubel aus, und nichts konnte uns mehr halten.

„Was ziehen wir da nur an?", war Ninas erste Frage.

„Wichtiger ist, welche Songs spielen wir und in welcher Reihenfolge", meinte Philipp, unser Gitarrist. Sofort machten wir uns an die Planung. Die nächsten Proben standen alle unter dem Stern des großen Konzerts. Wir stellten unseren Proberaum so um, dass er wie eine Bühne aussah. Wir feilten an der Reihenfolge der Lieder. Je näher der Auftritt rückte, umso mehr lagen unsere Nerven blank. Wir stritten uns über Kleinigkeiten, regten uns über jeden falschen Ton des anderen auf und vertrugen uns, Gott sei Dank, schnell wieder.

Auch Michi schaute mal bei einer Probe vorbei und gab uns noch den ein oder anderen Tipp.

„Bleibt ganz cool. Ihr macht das schon", beruhigte er uns immer wieder.

– – – –

Dann war er endlich da, der große Tag.

Die Fahrt nach Unna dauerte fast sechs Stunden. Wir hatten also viel Zeit, uns gegenseitig verrückt zu machen.

„Und was, wenn sie unsere Musik nicht gut finden und uns ausbuhen?", fragte Nina panisch.

„Hoffentlich vergesse ich die Texte nicht!", schloss ich mich ihrer Panik an.

„Mädels, das wird schon gut gehen", redete Michi auf uns ein.

Das klang aus seinem Mund ganz cool, obwohl ich glaube, dass er mindestens genauso nervös war wie wir.

Die Bühne in Unna war der Hammer! Ich sah mich in der Halle um.

„Wow, ist das riesig hier! Hier passen doch bestimmt 1000 Leute rein!", rief ich begeistert. Und dann kam *Reamonn*! Fünf Jungs betraten die Halle, und wir wurden plötzlich alle ganz schüchtern.

„Kommt mal mit", meinte Michi und führte uns zu der Band.

„Hi, ich bin der Gomezz!", wurde ich von einem der Jungs begrüßt. Der megageile Schlagzeuger! Den fand ich am coolsten. Er spielte ganz außergewöhnlich Schlagzeug. Der Rest der Band begrüßte uns auch super freundlich. Das war für uns ein echt großer Augenblick und eine Riesenehre.

Kurz bevor wir dann auf die Bühne zu unserem Auftritt sollten, machte ich den großen Fehler, dass ich von hinten durch den Vorhang ins Publikum guckte. Mein Herz begann, zu schlagen wie ein Presslufthammer.

„Oh Gott, die Halle ist bis auf den letzten Platz voll", kreischte ich. Sofort brach eine Riesenpanik in der ganzen Band aus. Sie bewirkte aber auch, dass bei uns irgendwie der Motor ansprang. Wir wollten durchstarten!

Vor jedem Auftritt hatten wir ein Ritual, das wir nie vergessen haben: Wir stellten uns im Kreis auf, legten die Hände in der Mitte aufeinander und schrien: „Let's rock!". Und dann ging's los.

Irgendwie kann ich mich heute gar nicht mehr so genau an alles erinnern, da der Auftritt wie in einem Film ablief. Aber eines weiß ich noch: Wir waren gut, und das Publikum mochte uns.

„Oh Mann, war das geil", meinte Nina nach dem Auftritt.

„Und wir haben keine Fehler gemacht", war Philipp total stolz.

„Hoffentlich fand die Plattenfirma uns auch gut", überlegte ich. Dann war erstmal Schluss mit Grübeln. Denn dann kam das Highlight, nämlich *Reamonn*. Wir durften uns das Konzert der Band neben der Bühne ansehen. Ich weiß noch, dass ich die ganze Zeit den Schlagzeuger beobachtet habe, der, während er spielte, mit seinen Sticks total irre Sachen machen konnte. Es war wirklich ein total schönes Konzert.

– – – –

Als auch *Reamonn* von der Bühne gegangen war, saßen wir noch ganz lange mit ihnen backstage, und sie erzählten uns ihre ganze Bandgeschichte: wie sie sich alle gefunden hatten, wie sie Songs schreiben usw.

Wir fühlten uns wie im Traum und saugten alles wie ein Schwamm in uns auf. Die verbleibende Nacht verbrachten wir auf Luftmatratzen verteilt bei einem Bekannten unseres Managers Michi. Auf dem Weg dorthin waren wir alle so selig und schmiedeten sofort neue und größere Pläne.

Der große Dämpfer kam aber am nächsten Tag im Bus auf dem Weg nach Hause. Michi hatte uns etwas zu beichten: „Leute, ich hab' mich gestern mit der Plattenfirma unterhalten, um rauszufinden, ob die Interesse an euch haben." Man konnte die Spannung im Bus regelrecht greifen.

„Leider hab' ich nicht die besten Neuigkeiten." Es war wie bei einer Luftmatratze, aus der die Luft rausgelassen wurde. Wir sackten alle fünf in uns zusammen und wussten direkt, was uns Michi jetzt gleich mitteilen würde.

„Die Leute von der Plattenfirma und auch *Reamonn* fanden euch echt gut, aber sie haben momentan schon ähnliche Acts unter Vertrag und somit keinen Bedarf. Ihr dürft jetzt aber auf gar keinen Fall aufgeben. Das wird irgendwann klappen. Ich glaube an euch, und ihr solltet das auch."

Michi meinte es zwar gut mit uns, aber egal wie viel aufmunternde Worte er zu dem Zeitpunkt an uns richtete, wir waren am Boden zerstört.

„Und ich dachte, das klappt dieses Mal", meinte Nina.

„Wir waren doch auch so gut vorbereitet", erwiderte ich. Sichtlich traurig und niedergeschlagen traten wir den Heimweg an. Aber die Hoffnung wollten wir trotzdem nicht so schnell aufgeben.

Dieses Konzert und alles, was noch dazugehörte, waren für mich die wichtigsten Erfahrungen, die ich bis dahin in meinem Leben gemacht habe. Um etwas zu erreichen, muss man hart dafür arbeiten. Erst dann kann man zeigen, was wirklich in einem steckt. Dazu sollte ich noch viele, viele Möglichkeiten bekommen. Ich war ja erst 20.

MIT MUSIK GELD VERDIENEN

„Ich hab' am Anfang immer gedacht, dass du eine Kampfrockerin bist, dass du wirklich nur rocken willst. Aber du hast mich jetzt schon mehrmals eines Besseren belehrt! Ich finde, du bist unheimlich vielseitig. Du bist mit deiner Stimme in jeder Art von Musik zu Hause und singst jede Nummer souverän. War wirklich toll heute!"

Dieter Bohlen sah mich freundlich an.
Ich konnte es kaum fassen. Ein Lob vom Pop-Titan – für mich!

Nach meinem Abitur entschied ich mich dafür, ein Studium für das Lehramt an Realschulen in den Fächern Musik und Sport in Regensburg anzufangen.
Ich hatte eine kleine Wohnung und natürlich war ich ständig auf der Piste. In Regensburg

gab es etliche Kneipen und Lokale. Eine Bar, in die ich eines Abends ging, war die „Number 7 Bar". Dort fanden in regelmäßigen Abständen so genannte „Open Stages" statt. Das bedeutet, dass sich viele Musiker, die sich zum Teil gar nicht kennen, dort treffen und Musik machen – entweder zusammen oder alleine. Zu diesem Zeitpunkt hatte ich zwar immer noch meine Band *Panta Rei*, und wir probten auch noch in regelmäßigen Abständen und spielten diverse Auftritte. Aber so ein Studium kostet natürlich Geld, und das wollte ich mir am besten mit Musikmachen verdienen.

Außerdem wohnte ich in einer neuen Stadt, und da mussten auch neue Freunde gefunden werden, die auch Bock hatten, Musik zu machen. Deswegen kamen mir solche Sessions natürlich gerade recht. Ich hörte dort Jazz, Pop, Rock und selbstgeschriebene Songs, gespielt von Gitarristen, Pianisten und Sängern. Eines Abends nahm ich all meinen Mut zusammen und spielte zwei Songs, zu denen ich mir die Texte und die Begleitung auf der Gitarre selbst beigebracht hatte. *Talkin bout revolution* von *Tracy Chapman* und *Let it rain* von *Amanda Marshall*. Die Leute waren begeistert und applaudierten so lange, dass ich gleich ganz rot wurde. Wow, das war ein echt geiles Gefühl! Menschen, die ich nicht kannte, klopften mir auf die Schulter und sagten mir, wie toll sie es fanden.

— — — —

Plötzlich tippte mir von hinten jemand auf die Schulter: „Hey, ich bin der Georg, und ich wollte dir sagen, dass du wirklich ganz toll gesungen hast." Ich wurde noch röter, als ich es eh schon war.

„Hättest du Lust, Werbejingles fürs Radio einzusingen?"

Im ersten Moment war ich völlig überfordert, da ich auch nicht sofort wusste, was denn Werbejingles sein sollten. Scheinbar sah man mir das auch an, daher folgte ungefragt die Erklärung von Georg.

„Mich engagieren Firmen, um für sie kleine Melodien mit ihrem Firmennamen zu komponieren. Die laufen dann im Radio und bringen dann natürlich auch gute Werbung für die Firmen ein."

Jetzt war ich schon etwas mehr im Bilde.
„Werden die dann irgendwo in einem Studio
eingesungen? Sagst du mir, was ich da genau
singen muss?", wollte ich wissen. Wir unterhielten uns noch einige Zeit, und er erklärte
mir genau, wie das alles ablaufen würde.
Ich fand, das klang absolut cool und vor
allem lukrativ.
„Klar, ich mach' das", freute ich mich. Dass
ich durch Georg noch viel mehr musikalisch
erreichen würde, war mir zu dem Zeitpunkt
noch nicht klar.

– – – –

An diesem Abend lernte ich auch Stefan kennen. Er war der Frontsänger von *Erwin und
die Heckflossen* und für mich so was wie ein
kleiner Star. Denn er spielte mit seiner Show-
band regelmäßig auf großen Bühnen in Fest-
zelten. Das wollte ich unbedingt auch einmal
machen. Darum war ich von der Bekannt-
schaft echt begeistert.
„Hey Elli, ich hab' dich eben singen gehört.
Du warst echt gut. Sag mal, spielst du denn
in irgendeiner Band?", fragte er mich.

„Klar, kennst du die Band *Panta Rei*?"

„Ich weiß zwar nicht viel von euch, aber mir sagt der Bandname etwas."

Kurze Zeit später ging Stefan dann wieder auf die Bühne und fragte mich vom Bühnenrand aus: „Hättest du Lust, mit mir zusammen ein Lied zu singen?" Natürlich war ich total überrumpelt, aber die Chance wollte ich mir einfach nicht entgehen lassen.

„Na klar, aber was?", war meine kurze und auch etwas ängstliche Antwort.

„Ja, was kannst du denn?"

Ehrlich gesagt, konnte ich zu dem Zeitpunkt nicht wirklich viele Coversongs, und die paar, die ich konnte, hatte ich schon gespielt. Mit meiner Band hatte ich bisher nur eigene Lieder geschrieben und gespielt. Irgendwie fanden wir dann aber doch noch einen Song, den wir beide kannten und singen konnten.

„Oh Gott, ich bin so nervös", flüsterte ich Stefan zu.

„Ach, das machst du schon", machte er mir Mut.

Und tatsächlich, es war der absolute Hammer. Es war fast so, wie wenn wir schon immer zusammen auf der Bühne gestanden hätten. Ich wollte gar nicht mehr aufhören, zu singen, geschweige denn, von der Bühne gehen. Ich war so glücklich und ab diesem Abend in Regensburg angekommen. Ich hatte jede Menge neue Leute kennengelernt und vor allem Menschen zum Musikmachen gefunden. Ich quatschte noch ewig mit Stefan, und wir tauschten unsere Telefonnummern aus. Relativ spät am Abend und nach dem einen oder anderen Bierchen wackelte ich selig nach Hause und konnte auf dem Nachhauseweg gar nicht mehr mit dem Grinsen aufhören.

– – – –

Nach ein paar Tagen bekam ich einen Anruf von Georg.
„Hi Elli, ich bin's, der Georg."
Ich stand erstmal kurz auf der Leitung.
„Georg, welcher Georg?"
„Der, der dich bei der Session in der „Number 7 Bar" angequatscht hat. Wegen der Werbejingles. Mein Angebot würde immer noch gelten. Ich hätte nämlich jetzt einen Jingle für dich zum Einsingen."

„Wann soll ich wo sein?", haspelte ich aufgeregt in den Hörer. Mit dieser spontanen Antwort hatte er wohl nicht sofort gerechnet, deswegen kam seinerseits erstmal ein langes „Äaaaaahm".

„O.k., dann komm doch jetzt gleich in mein Studio." Er gab mir noch schnell die Adresse durch, und ich machte mich sofort etwas aufgedreht auf den Weg.

„Legen wir gleich los, oder musst du dich erst einsingen?", fragte er mich, als ich in sein Studio kam.

„Quatsch, Einsingen ist nur was für Weicheier", war damals mein Standardsatz. „O.k. Heute singst du eine kleine Melodie für einen örtlichen Stromanbieter ein."

Er hielt mir das Textblatt unter die Nase.

„Kein Problem. Ich habe in meinem Leben zwar schon aussagekräftigere Texte gesungen, aber was tut man nicht alles fürs liebe Geld."

Das Ganze dauerte eine halbe Stunde. In den folgenden Jahren sang ich noch diverse andere Jingles und finanzierte mir damit einen Teil meines Studiums.

– – – –

Georg zog für mich noch einen anderen Job an Land.

„Ich spiele ja noch in der *Gong fm Band*, der Haus- und Hofband des örtlichen Radiosenders. Die suchen momentan dringend eine Sängerin. Wäre das nicht was für dich?"

Ich hatte von der Band schon gehört und kannte natürlich auch den Radiosender. Und weil es damals noch immer mein Traum war, auf großen Bierzeltbühnen zu spielen, kam mir das gerade recht.

„Die Glückssträhne mit dir hört ja gar nicht mehr auf", rief ich jubelnd aus und sagte natürlich zu.

„Wir proben morgen alle, und vielleicht kommst du einfach vorbei, und wir üben ein paar Songs mit dir."

„Coole Sache."

Nach der Probe kam auch sofort der erste Auftritt, der super lief, und schwups war ich festes Mitglied der *Gong fm Band*. Wir wurden für viele große Feste in und um Regensburg gebucht und waren irgendwie so was wie eine Kultband. Die Zeit mit der Band brachte mir nicht nur Geld, sondern auch jede Menge Bühnenerfahrung.

Woran ich mich aber während meiner Studienzeit am liebsten erinnere, sind meine Gigs mit Stefan. Ich traf ihn noch viele Male auf diversen Sessions. Es entwickelte sich immer mehr eine enge Freundschaft daraus. Wir verbrachten wahnsinnig viel Zeit damit, zusammen Musik zu machen. Damals spielte Stefan schon regelmäßig in einem Irish Pub in der Innenstadt. Ich besuchte ihn dort fast bei jedem seiner Auftritte, und er lud mich gelegentlich ein, mit ihm zusammen ein Duett zu singen. Irgendwann traten wir dann regelmäßig als Duo auf. Wir nannten uns *Last orders please* (das bedeutet „Letzte Bestellung für den Abend"). Mit meinen Auftritten mit Stefan, der *Gong fm Band* und meinen Werbejingles schaffte ich es ohne Probleme, mein Studium zu finanzieren. So konnte ich lästigen Ferienjobs aus dem Weg gehen.

DIE CASTINGIDEE

„Das war ein Gänsehautlied. Mit Gänse-
haut vorgetragen – also grandios! Rote
Hose, roter Hut, fehlen nur noch die roten
Rosen, die ich dir gerne geben möchte,
für diese tolle Performance", urteilte
Thomas Bug.
Es ist ein wirklich herrliches Gefühl,
wenn anderen wegen meiner Musik ein
Schauer über den Rücken läuft!

Mein Studium hatte ich mittlerweile zur Hälfte hinter mir. Ich machte auch immer noch
regelmäßig Musik. Aber irgendwie merkte
ich, dass es mit meiner Band *Panta Rei*, die
mir sehr am Herzen lag, nicht mehr ganz so
rund lief. Alle Bandmitglieder hatten zu stu-
dieren angefangen, und jeder zog in eine andere Stadt. Somit waren regelmäßige Proben
nicht mehr möglich. Auch Auftritte zu organi-
sieren, wurde immer mehr zu einer logisti-

schen Meisterleistung. Die *Gong fm Band* und die Auftritte mit Stefan machten mir zwar wahnsinnig viel Spaß, aber wir spielten dort immer nur die Lieder von anderen Bands nach und keine eigenen Sachen. Und das fehlte mir. Mittlerweile war es mein Ziel, von der Musik und meinem Gesang leben zu können. Wie das funktionieren sollte, wusste ich nicht so genau.

– – – –

Eines Abends war ich mit Nina, meiner Bandkollegin von *Panta Rei*, und ein paar anderen Freundinnen in meiner Wohnung zu einem gemütlichen Fernsehabend verabredet. Wir zappten uns so durchs Programm und blieben bei einer Sendung hängen mit dem Namen *Deutschland sucht den Superstar.*
„Guck dir den doch mal an. Der kann doch nicht wirklich singen", rief Nina gackernd, als Daniel Küblböck über den Bildschirm hüpfte.
„Aber diese Juliette Schopmann hat es echt drauf", fiel mir auf, als die nächste Kandidatin die Bühne betrat.

„Was soll das Ganze eigentlich?", fragte eine der anderen Freundinnen, die den Sinn der Show noch nicht ganz begriffen hatte.

„Ist doch ganz klar. Das ist ein Gesangswettbewerb", stellte ich klug fest.

„Und da kann sich jeder bewerben?", fragte Nina.

„Keine Ahnung", meinte ich.

„Lass uns doch mal nachschauen."

Ich holte meinen Laptop und ging ins Internet.

„Schaut mal, da gibt es ein Bewerbungsformular für die nächste Staffel", stellte ich fest, als ich auf der DSDS-Homepage gelandet war.

„Wäre das nicht was für dich?", fragte mich Nina, und die anderen stimmten ihr zu.

„Ich weiß nicht. Ist das wirklich das Richtige?", zögerte ich unsicher.

Doch schneller als gedacht hatte ich mich mit dem Gedanken angefreundet.

Als meine Freunde abends nach Hause gegangen waren, druckte ich mir den Bewerbungsbogen aus und las ihn mir durch.

Nina fand die Idee, mich bei DSDS zu bewerben, witzig. Wir quatschten am nächsten Tag am Telefon darüber.

„Lies mir die Fragen doch mal vor, dann können wir sie gemeinsam beantworten."

Die Fragen waren zum Teil personenbezogen, zum Beispiel nach Hobbys oder Freundschaften. Aber es gab auch Fragen zum musikalischen Können.

„Die fragen hier zum Beispiel, wie ich mich auf einer Skala von 1–10 im Gesang einschätze."

„Schreib 11", scherzte Nina.

„Denkst du, 8 ist in Ordnung?", versuchte ich, ihre ernsthafte Meinung einzuholen.

„Na klar. Sei bloß nicht zu bescheiden", ermutigte Nina mich.

„Außerdem wollen die wissen, ob ich ein Instrument beherrsche, wenn ja, wie gut, und ob ich damit in einer Band spiele", murmelte ich.

„Na, damit kannst du doch gut punkten", war Nina überzeugt.

Nachdem ich alles ausgefüllt und mir noch mal den Segen von ihr eingeholt hatte, fragte ich sie ein letztes Mal: „Soll ich mich da wirklich bewerben? Ist das wirklich das Richtige für mich?"

„Jetzt schick den Bogen weg, und dann warte ab, was passiert", ermunterte sie mich.

Ich schickte den Bogen dann wirklich noch am selben Tag ab.

– – – –

Als sechs Wochen später ein Umschlag ins Haus flatterte, hatte ich die Bewerbung schon beinahe vergessen.

„Du bist eine der glücklichen Bewerberinnen, die zum ersten Casting der zweiten Staffel *Deutschland sucht den Superstar* nach München eingeladen werden", las ich.

„Wahnsinn!", schrie ich und wählte sofort die Nummer von Nina.

„Die wollen, dass ich persönlich vorsinge", brüllte ich in den Hörer. Nina wusste erst gar nicht, um was es ging.

„Was soll ich denn da singen?"

Jetzt war auch bei ihr der Groschen gefallen.

„Wahnsinn, bleib ganz cool", schrie sie aufgeregt zurück.

„Ich hab' eine super Idee. Ich nehm' einfach die CD von *Panta Rei* mit und drück' sie dem Musikproduzenten Thomas Stein, der in der Jury sitzt, in die Hand. Dann entdeckt er uns, und wir kommen ganz groß raus."

„Jetzt denk doch erstmal an dich. Alles andere wird sich dann ergeben", holte sie mich
wieder auf den Boden der Tatsachen zurück.
In den nächsten Tagen konnte ich an nichts
anderes als das Casting denken. Ich überlegte
mir zwei Lieder, die ich vor der Jury singen
wollte. Ich entschied mich für *Beautiful* von
Christina Aguilera und *Sweet child of mine* von
Sheryl Crow. Ich verbrachte ganze Abende mit
der Klamottenauswahl und noch mehr Zeit
damit, einfach nur nervös zu sein. Natürlich
erzählte ich auch meinen Eltern von der
Einladung zum Casting.
„Ach Elli, das klingt doch super und spannend", freute sich meine Mama. Mein Vater
dagegen war etwas skeptisch.
„Sei bloß vorsichtig, dass die dich nicht ver-
heizen. Ich trau' diesen Fernsehfuzzis nicht",
warnte er mich.

– – – –

Anfang Juni war es dann so weit. Mit einer
Freundin machte ich mich auf den Weg nach
München. Das Casting fand in einem Hotel
statt. Mit wackligen Knien ging ich zur Anmel-

dung. Eine nette Frau begrüßte mich dort.

„Herzlich willkommen bei *Deutschland sucht den Superstar*. Sag mir doch bitte, wie du heißt."

Ich nannte ihr meinen Namen, und dafür bekam ich von ihr eine Nummer. „Diese Nummer klebst du dir bitte gut sichtbar vorne auf dein T-Shirt."

Ich kam mir ein bisschen wie ein Sträfling im Knast vor.

„Es wird noch ein bisschen dauern. Setzt euch doch so lange zu den anderen Kandidaten in den Aufenthaltsraum."

Der Raum war schon ziemlich voll, als wir eintraten. Wir setzten uns erstmal in eine Ecke und beobachteten das Geschehen skeptisch. Das Erste, was mir auffiel, waren die vielen Kameras. Überall wurden Interviews geführt, und die verrücktesten Bewerber schlugen sich fast darum, gefilmt zu werden.

„Oh Gott, wo bin ich denn da gelandet?", murmelte ich vor mich hin.

Meine Freundin hielt meine Hand und drückte sie aufmunternd.

„Ich muss einfach das Beste daraus machen", beschloss ich.

Richtig peinlich wurde es, als die Mitarbeiter uns Kandidaten aufforderten, sich doch in einer Reihe aufzustellen. Wir sollten den Hit der Finalisten der letzten Staffel *We have a dream* gemeinsam singen.

„Bitte stell dich ganz hinten hin, damit dich keiner sieht", flüsterte mir meine Freundin flehend ins Ohr. Ihr war das Ganze echt megapeinlich! Ich wollte ihr und mir den Gefallen auch tun, doch wir hatten die Rechnung ohne die Fernsehmenschen gemacht. Eine der Redakteurinnen meinte zu mir: „Du mit den roten Haaren. Stell dich doch bitte hier vorne hin. Wir brauchen etwas Farbe in der ersten Reihe."

Ich glaube, sie meinte es gut mit mir, wusste aber nicht, was sie mir damit antat. Aus den Augenwinkeln konnte ich sehen, wie meine Freundin immer kleiner wurde. Der Song wurde ein ziemliches Kuddelmuddel, da nicht jeder den Text kannte, geschweige denn, die Töne traf. Aber ich fürchte, das war genau das, was die Leute vom Fernsehen wollten.

– – – –

Nach einer gefühlten Ewigkeit war es dann endlich so weit. Ich wurde aufgerufen und einer kleinen Gruppe von fünf Leuten zugeteilt. Jetzt hieß es noch einmal warten. Hinter der Tür eines kleinen Raumes musste bestimmt die Jury sein. Ich ging in Gedanken noch mal meine Lieder durch. Keiner meiner Leidensgenossen sagte ein Wort. Jeder war mit seiner eigenen Aufregung beschäftigt. Irgendwann ging die Tür für mich auf. Doch nicht Dieter Bohlen oder Thomas Stein, die ich im Raum erwartet hatte, waren es, sondern mir völlig unbekannte Menschen. Im ersten Moment war ich etwas verstört.

„Du wunderst dich jetzt bestimmt. Wir sind hier, um eine erste grobe Vorauswahl zu treffen, da wir so viele Bewerber haben", erklärte mir eine Frau, die sich als Steffi vorstellte.

„Stell dich bitte auf den Stern, und erzähl uns, wer du bist und was du singen möchtest", bat sie mich nett.

Also legte ich los. Bereits nach zehn Sekunden wurde ich unterbrochen. Mann, ich war total verunsichert.

„Vielen Dank, Elisabeth, du bist weiter."

Damit hatte ich nach den paar Takten echt

nicht gerechnet. Ich verließ wie in Trance den Raum und wusste erst gar nicht, wohin. Draußen wurde ich von einem Kamerateam empfangen, das meine ersten Emotionen einfangen wollte. Sie brachten mich in einen Raum, in dem auch meine Freundin wartete.

„Ich glaube, die wollen noch mehr von mir hören", stotterte ich.

Freudestrahlend fiel ich ihr in die Arme, und wir jubelten gemeinsam.

– – – –

Die nächste Hürde wartete ein paar Tage später auf mich. Diesmal sollte ich dann auch zum ersten Mal auf den Pop-Titan Dieter Bohlen treffen. Ich war schrecklich nervös. Wie wird er wohl in Wirklichkeit aussehen? Was die Jurymitglieder wohl zu mir sagen würden? Meine Gedanken ließen sich einfach nicht abschalten.

Mit den Abläufen des Castings war ich ja schon vertraut. Jede Menge Mitkandidaten und ich saßen wieder in einem reservierten Konferenzraum desselben Hotels. Kurz bevor es so weit war, bekamen wir noch ein paar Anweisungen von den Redakteuren der Sendung.

„Wenn ihr jetzt gleich in den Raum kommt, stellt euch bitte einfach auf den Stern, sagt, wie ihr heißt, was ihr macht, woher ihr kommt, und alles Weitere wird sich dann ergeben."

Und genau das tat ich, als ich an der Reihe war. Ich betrat den Raum, schüchterner als ich es selbst von mir gewohnt war, und stellte mich auf den Stern auf dem Boden. Und da war sie, die berühmt-berüchtigte Jury, bestehend aus Thomas Stein, Shona Fraser, Thomas Bug und Dieter Bohlen.

Den Pop-Titan Bohlen kennen wahrscheinlich die meisten von euch. Das ist der, der immer ein paar mehr oder weniger nette Sprüche auf Lager hat. Thomas Stein ist ein Musikmanager und war damals Chef einer bekannten Plattenfirma. Shona Fraser kommt aus Großbritannien und war Musikjournalistin. Thomas Bug war als Radio- und Fernsehmoderator bekannt. Ich schaute mir die Vier zum ersten Mal aus der Nähe an – und hatte echt ziemlich Herzklopfen dabei. Nachdem ich

mich vorgestellt hatte, wandte sich Thomas
Stein an mich: „Was wirst du uns vorsingen?"
„*Beautiful*" von *Christina Aguilera* und *Sweet
child of mine* in der Version von *Sheryl Crow.*"
„Na dann, leg mal los!", forderte mich Shona
Fraser auf. Als Erstes stimmte ich das Lied von
Christina Aguilera an und wurde schon nach
kurzer Zeit von Thomas Stein unterbrochen.
„O.k., sing mal das zweite Lied."
Nach gefühlten drei Takten kam die nächste
Unterbrechung, und ich wurde immer unsi-
cherer. Sonst war ich es gewohnt, ein Mikro
vor mir stehen zu haben und eine Gitarre zu
halten. Ich ließ meinen Blick über die Jurymitglieder schweifen. Shona Fraser lächelte mich
an, die beiden Thomas wirkten interessiert,
nur Dieter Bohlen starrte die ganze Zeit auf
den Tisch und würdigte mich keines Blickes.
„Sag mal, kannst du uns denn ein Lied von
Melissa Etheridge vorsingen?", fragte Thomas
Stein. Volltreffer!
Like the way I do gehörte zu meinem montäg-
lichen Programm im „Irish Harp". „Is it so
hard", war der erste Satz des Songs, mit dem
ich begann – und plötzlich wusste ich einfach
nicht mehr weiter. Der totale Blackout. Shit!

„Moment, ich hab's gleich wieder", entschuldigte ich mich und fing noch mal von vorne an. Ich vermisste meine Gitarre und versuchte, sie durch Luftgitarrespielen zu ersetzen. Aber nichts half. Ich kam einfach nicht über den ersten Satz hinaus. Meine Verzweiflung war mir wohl deutlich anzusehen, deswegen beendete Thomas Stein meine Tortur.

„Das ist schon in Ordnung. Du hast uns ja schon zwei Lieder vorgesungen. Das reicht uns auch."

Jetzt war der Moment der Entscheidung da. War ich eine Runde weiter oder nicht?

„Elli, ich mag deine Stimmfarbe sehr, und du als Typ bist auch einzigartig. Von mir bekommst du ein Ja", urteilte Thomas Stein. Auch von Shona Fraser und Thomas Bug bekam ich ein Ja.

„Ich mag solche Stimmen nicht so sehr. Das klingt mir zu kalt, so nach Frauenknast und hinter Gittern", war das niederschmetternde Urteil von Dieter Bohlen. Egal! Es stand drei zu eins, und somit war ich eine Runde weiter, im so genannten Recall.

- - - -

Den Erfolg feierte ich bei meinem nächsten Auftritt im „Irish Harp" mit all meinen Freunden.

Einige Tage später fand ich in meinem Briefkasten die offizielle Einladung zum Recall in Berlin. Meine Reise dorthin wurde von der Produktionsfirma geplant, und ich musste mich um gar nichts kümmern.

Mit mir im Zug nach Berlin saß noch ein anderer Teilnehmer aus Regensburg, mit dem ich mir gemeinsam ein Abteil teilte. Wir haben uns zwar unterhalten, aber letztendlich war jeder dann doch mit sich selbst beschäftigt.

Am Berliner Hauptbahnhof wurden wir von Mitarbeitern der Sendung empfangen. Jede Menge andere Teilnehmer standen bereits in Gruppen herum. Ein Bus brachte uns alle zum Deutschen Theater, in dem der Recall die nächsten drei Tage die Spreu vom Weizen trennen sollte.

– – – –

Am ersten Tag wurden die Nerven aller Teilnehmer extrem auf die Probe gestellt. Vor

der prominenten Jury mussten wir, in mehrere Zehnergruppen eingeteilt, bestehen. Wie
die Hühner auf der Stange reihten wir uns auf
der Theaterbühne auf. Nacheinander mussten wir einen Schritt nach vorne treten und
ein paar Takte singen. Dann verließen wir
ohne weitere Kommentare der Jury die Bühne und wurden in das Foyer zurückgeschickt.
Nun war großes Warten angesagt. Bis alle
vorgesungen hatten, dauerte es eine halbe
Ewigkeit. Wieder wurden wir gruppenweise
auf die Bühne gerufen. Die Spannung im Saal
war zum Greifen. Ich konnte überhaupt nicht
einschätzen, ob ich es geschafft hatte. Mit
einigen anderen Kandidaten wurde ich auf-
gefordert, nach vorne zu treten.

„Alle die, die vorne stehen, sind eine Runde
weiter. Herzlichen Glückwunsch", entließ uns
Dieter Bohlen. Das war's. Ich war wieder eine
Runde weiter. Geduldig warteten alle, die sich
qualifiziert hatten, auf weitere Anweisungen.
Nachdem jede Gruppe ihr Urteil abgeholt
hatte, wurden wir ein letztes Mal an diesem
Tag auf die Bühne gerufen.

„Eure Aufgabe bis morgen ist es, euch einen
oder mehrere Gesangspartner zu suchen. Ihr

habt heute Abend Zeit, ein vorgegebenes Lied vorzubereiten, und morgen werdet ihr es uns präsentieren", sagte Dieter Bohlen. Während der langen Wartezeiten hatte ich mich bereits mit zwei Mädchen etwas angefreundet, und somit war unsere Kleingruppe relativ schnell zusammengestellt. Wir probten den ganzen Abend wie die Verrückten. „Jetzt reicht's. Ich kann nicht mehr. Bei mir ist echt die Luft raus", meinte ich irgendwann völlig erschöpft.

„Lasst uns noch in die Hotelbar gehen und gucken, was die anderen so treiben." Damit waren alle einverstanden. Dort trafen wir auf viele andere Teilnehmer, die auch keinen Bock mehr hatten, zu proben. So ließen wir den Abend am Ende unserer Kräfte ausklingen.

– – – –

Nach viel zu wenig Schlaf riss mich am nächsten Morgen das Schrillen des Weckers aus dem Tiefschlaf. Das Morgenprogramm war etwas hektisch: Fahrt ins Theater, noch mal proben und sich gegenseitig wahnsinnig machen. Und dann gab es keinen Weg mehr zurück. Ich war erstaunlicherweise ganz gelassen, was wahrscheinlich auch daran lag, dass ich nicht alleine auf der Bühne stand. Während unseres Auftritts wurden wir von einem Klavier begleitet – und das war genau mein Ding. Unser Vorsingen verlief zum Großteil so, wie wir es geplant hatten. Auf die Entscheidung der Jury mussten wir wieder einmal warten.

„Ach, ich bin total unzufrieden mit mir. Ich bin bestimmt nicht weiter", meinte eines der Mädchen aus meiner Gruppe.

„Mach' dich doch jetzt nicht schon so fertig", beruhigte ich sie.

„Hauptsache, wir hatten Spaß", meinte die Dritte im Bunde.

„Kommt ihr bitte wieder mit auf die Bühne", wurden wir von einem Redaktionsmitarbeiter unterbrochen. Wir konnten uns unsere Entscheidung abholen.

„Scheiße, jetzt bin ich doch ganz schön nervös", flüsterte ich den anderen beiden zu, während wir uns auf den Weg machten. Die Jury sah uns undurchsichtig an. In ihren Gesichtern konnte man rein gar nichts lesen.

Die Entscheidungsverkündung wurde unerträglich lange hinausgezögert.

„Ihr wart auf jeden Fall eine der Mädchengruppen, die das ganz gut gemacht haben", meinte Thomas Stein.

„Und trotzdem mussten wir uns entscheiden, von wem wir uns verabschieden."

Wir drei nahmen uns an den Händen und ermutigten uns gegenseitig durch einen kurzen Druck.

„Wir haben uns entschieden, dass du, Elisabeth, eine Runde weiter bist. Von euch anderen beiden müssen wir uns leider verabschieden. Aber vielen Dank, dass ihr dabei wart."

Das Erste, das ich fühlte, war nicht etwa grenzenlose Freude, sondern Enttäuschung, dass meine beiden Kolleginnen nicht weiter waren. Die aber nahmen mich in den Arm und sagten: „Kein Problem, Elli. Wir gönnen es dir und wünschen dir alles Gute. Und vergiss uns nicht."

Nachdem alle Teilnehmer für die nächste Runde feststanden, richtete Dieter Bohlen sein Wort an uns.

„Ihr seid die letzten 50 Kandidaten aus über 20 000 Bewerbern. Wir freuen uns darauf,

noch mehr von euch zu erfahren und vor allem zu hören. Einer von euch 50 wird der neue deutsche Superstar sein."
Großer Jubel war unsere Antwort.

DSDS - JETZT RICHTIG!

„Wären wir in den Castingshows, würde ich sagen: „Sing mal noch 'ne Nummer, weil ich nicht das Gefühl habe, dass diese Nummer wirklich zu dir passt wie die Faust aufs Auge. Auf mich ist der Funke nicht rübergesprungen", urteilte Dieter Bohlen.

Das Publikum fing an, laut „Buh" zu rufen. Doch Dieter Bohlen hatte Recht. Ich konnte es besser, und ich würde es das nächste Mal auch besser machen!

Zu Hause angekommen, merkte ich zum ersten Mal, was es bedeutet, bei DSDS mitzumachen und Runde für Runde weiterzukommen. Plötzlich bekam ich Anrufe von Zeitungen und Radiosendern, die alles ganz genau wissen wollten. Interviews und Fototermine standen an, und es war schwer, den Überblick zu behalten. Eines Morgens schlug ich die regionale Zeitung von Regensburg auf, und sofort sprang mir ein riesiges Bild von mir entgegen und eine ganze Seite Interview, dass ich am Tag zuvor gegeben hatte. Aufgeregt rief ich meine Mutter an.

„Mama, kauf dir mal die ‚Mittelbayerische Zeitung'. Da ist ein Interview von mir drin", schrie ich sie durch den Hörer an.

Oh Gott, war das alles aufregend. Und das war vor allem erst der Anfang.

Ein paar Tage später bekam ich per Post die Einladung zu der so genannten 10er-Show in Köln. Dies sollte die erste Liveshow sein – vor Fernsehkameras und einem Millionenpublikum. Zum Glück durfte ich zwei Begleitpersonen mit nach Köln nehmen, die mich vor Ort unterstützen sollten. Die Wahl fiel auf meine beiden Brüder. Ich fuhr schon etwas früher nach Köln, meine Brüder sollten nachkommen. Dort fanden nämlich die Proben für die Livesendung statt. Außerdem musste das Lied, das ich singen wollte, mit dem Pianisten eingeübt werden, und die Klamottenauswahl stand mir bevor. Also ging's ab nach Köln.

– – – –

Alle Kandidaten waren gemeinsam im selben Hotel untergebracht. Dort traf ich dann auch das erste Mal auf meine Mitstreiter. Alle waren nette junge Menschen, die genauso aufgeregt waren wie ich und für die das auch alles Neuland war.

„Weißt du schon, was du singen willst?", fragte mich ein Typ namens Lorenzo, der echt lustig aussah und grinste.

Let it rain von *Amanda Marshall.* Das ist mein absolutes Lieblingslied, und das sing' ich auch schon lange bei meinen Auftritten in einem Irish Pub."

Wir unterhielten uns noch ein bisschen weiter und freundeten uns relativ schnell an.

Am nächsten Tag sollten die ersten Proben in Köln stattfinden. Wir wurden mit Kleinbussen vom Hotel abgeholt und zu den Studios gebracht, wo alles aufgezeichnet werden sollte. Das war schon sehr beeindruckend. Von außen sieht man den Gebäuden gar nicht an, welche großen Fernsehshows darin entstehen.

„Herzlich willkommen bei eurer 10er-Show. In den nächsten Tagen werdet ihr auf die Sendung perfekt vorbereitet", begrüßten uns die Kandidatenbetreuer. „Helfen werden

euch dabei zwei so genannte Vocal Coaches."
Ich wurde – nach der obligatorischen Wartezeit – zu Vocal Coach Brigitta in den Raum
geschickt.

„Hallo, du musst die Elisabeth sein", begrüßte
sie mich freundlich.

„Du kannst auch gerne Elli zu mir sagen.
Elisabeth sagt eigentlich nur mein Papa zu
mir!", versuchte ich, die Situation für mich
zu entspannen.

„Was für ein Lied hast du dir denn für die
erste große Liveshow ausgesucht?

„*Let it rain*", erklärte ich möglichst cool.

„Das habe ich schon öfter vor Publikum
gesungen."

„Wunderbar. Deine Wahl gefällt mir. Es ist
wirklich wichtig, ein Lied zu singen, bei dem
man sich sicher fühlt und den Text gut kann."

Plötzlich klopfte es an der Tür, und Lilo betrat
den Raum. Ihn kannte ich schon vom Recall
in Berlin, da er unseren Gruppensong begleitet hatte. Lilo war der so genannte Musical
Director bei DSDS. Er setzte sich ans Klavier
und spielte sofort los. Relativ schnell hatten
wir alles ausgewählt und erarbeitet. Wir spielten den gekürzten Song noch ein paar Mal

durch, ich fühlte mich nach jedem Mal immer sicherer und freute mich total auf die Show.

- - - -

„Heute seht ihr das erste Mal das Studio, in dem die Liveshow stattfinden wird", wurden wir am nächsten Tag von unseren Betreuern empfangen.

„Und ihr werdet euer Lied auf der Bühne mit Kameras proben."

„Jetzt geht es so richtig los", murmelte ich vor mich hin, als ich gemeinsam mit den anderen das Studio betrat. Die Bühne war etwas erhöht, und wir guckten direkt auf die vier Jurymitglieder, die uns gegenüber an einem Tisch saßen. Die Jury war aber, Gott sei Dank, bei den Proben noch nicht da.

Lilo saß links neben uns an seinem Klavier.

„Wenn ihr singt, guckt nicht die Jury an, sondern in dieses kleine Loch über den Köpfen der Vier. Dahinter befindet sich nämlich eine Kamera. Entscheiden, ob ihr in die Motto-shows kommt, werden nämlich anschließend die Zuschauer. Und genau die könnt ihr durch diese Kamera erreichen", erklärte uns ein Mitarbeiter der Produktionsfirma.

– – – –

„Elli, du bist die Nächste."
Im Studio waren Lilo und unzählige andere Menschen. Ich stellte mich auf die Bühne und guckte in dieses Loch. Irgendwie kam ich mir dabei blöd vor. Ich war es doch bisher gewohnt, in die Augen von Menschen zu schauen, wenn ich auf der Bühne stand.
„Stell dir einfach deine Freunde vor, die dich dann im Fernsehen sehen", redete ich mir immer wieder ein. Und es klappte. Die Probe verlief richtig gut. Auch Lilo war zufrieden mit mir.
Am selben Tag hatten wir dann noch Anprobe, was so viel hieß wie: Ich suche mir zusammen mit einem Stylisten die Kleidung aus, die ich bei meinem Auftritt tragen würde. Von zu Hause sollte ich mir eigene Klamotten mitbringen, die dann vielleicht mit denen vom Stylisten kombiniert werden könnten. Ich wollte unbedingt meine absolute Lieblingshose, eine grüne Cargohose, anziehen.

„Hallo, ich bin der Mark und werde dir bei deinem Styling etwas helfen", begrüßte mich ein netter Typ.

„Was hast du denn so dabei?"

Voller Zuversicht zeigte ich ihm meine Hose, die ich dabeihatte.

„Aha", nickte Mark und runzelte die Stirn. Natürlich konnte ich sofort sehen, dass ihm mein liebstes Stück nicht so ganz zusagte. Er verkniff sich einen Kommentar. Dann zeigte er, was er mir aus seinem Fundus anbieten könnte: Hosen, Jacken, T-Shirts usw. All das waren Kleidungsstücke, die ich im normalen Leben nie anziehen würde. Mir war relativ schnell klar, dass das der schwierigste Teil dieser Veranstaltung werden würde.

„Ich hab' hier ein paar Schuhe, die du zu deiner Hose anziehen solltest."

Das Problem an den Schuhen war, dass sie ziemlich hoch waren. Ich war es bisher gewohnt, in Turnschuhen durch die Welt zu latschen.

„Ich kann auf solchen Dingern nicht laufen", gab ich ängstlich zurück.

„Ach, das kann jeder. Du musst es nur mal ausprobieren und dann auch ein bisschen damit üben", erwiderte Mark entschlossen. Gesagt, getan. Es sah aus, als wenn ich auf rohen Eiern laufen würde. Ich fühlte mich überhaupt nicht wohl.

„Die Schuhe stehen dir super, und außerdem macht Fernsehen immer ein bisschen dicker, und solche Schuhe strecken dich wieder", versuchte er, mich zu überzeugen.

Da ich nicht gleich am Anfang als schwierig dastehen wollte, fand ich mich mit meinen neuen Schuhen erstmal ab. Vielleicht würde ich es ja doch noch lernen.

Was die Klamotten betraf, dauerte es noch eine ganze Weile, bis sowohl ich als auch Mark zufrieden waren. Und so sah ich aus, als ich zur Probe auf die Bühne stolperte: (Ich fange oben an.) Über einem roten Tank Top trug ich einen schwarzen Jeansblazer und als nettes Accessoire ein dünnes schwarzes Lederband um den Hals. Untenrum durfte ich wirklich mit meiner eigenen grünen Cargohose gehen. Das Stöckeln mit den schrecklichen Schuhen musste ich unbedingt bis morgen noch üben. Dann war ja schließlich die große Show.

- - - -

Gut gelaunt ging ich am nächsten Tag zum Frühstück. Heute sollten meine beiden Brüder nach Köln kommen und bei der Sendung dabei sein. In so einer Ausnahmesituation die Familie um sich rum zu haben, würde bestimmt helfen und mir vielleicht auch ein bisschen die Aufregung nehmen.

Für uns Kandidaten ging es danach ab ins Studio. Dort sollten wir für den großen Auftritt geschminkt und gestylt werden. Im Bus in Richtung Studio herrschte Totenstille. Ich glaube, alle gingen ihre Auftritte noch mal durch und fragten sich, was sie wohl erwarten würde, wenn sie weiterkämen. Auch ich grübelte.

„Was machst du denn, wenn du weiterkommst?", fragte ich Lorenzo, der ganz still neben mir saß.

„Ich werde wahrscheinlich tot umfallen", erwiderte er.

Dort angekommen, wurden wir wieder wahnsinnig nett von den Betreuern empfangen.

„Heute ist es so weit. Fühlt ihr euch gut?"

Und ja, irgendwie taten wir das wirklich. Ich meine, so was erlebt man ja nicht alle Tage.

– – – –

„Für euch geht es jetzt ab in die Maske. Dort werdet ihr geschminkt für euren großen Moment, und dann proben wir die Auftritte noch ein letztes Mal, bevor es dann richtig losgeht."
Bis zu dem Zeitpunkt wurde ich in meinem Leben noch nie professionell geschminkt.
Und ich kann euch sagen, das ist total entspannend.
„Ich soll mich hier melden", betrat ich schüchtern den Raum.
„Mach' es dir bequem, und sag mir doch mal, was du gerne hättest", war die nette Antwort der Dame, die mich anmalen sollte.
„Puh, keine Ahnung. Ich hab' so was noch nie gemacht."
In dem Moment, in dem ich es aussprach, bereute ich es auch schon. Was jetzt nämlich kam, war nicht sehr entspannend.
„Dann also das Basisprogramm. Als Erstes zupfen wir dir die Augenbrauen."
Man muss dazu sagen, ich habe keine Augenbrauen über meinen Augen, ich habe schwarze Baumstämme.
„Und los geht's."
Schon nach ein paar Sekunden hatte ich Tränen in den Augen und musste ständig niesen.

„Geht's?", hörte ich immer wieder von der Seite.

„Ja, geht schon", war meine coole Antwort. Aber in Wirklichkeit war es der totale Horror, und das ist es heute immer noch. Irgendwann fühlte sich die Haut über meinen Augen nur noch taub an, was den Schmerz aber auch etwas erträglicher machte.

„So, fertig. Jetzt kommen wir zum schönen Teil! Mach' einfach deine Augen zu", kamen die erlösenden Worte. Gesagt, getan.

„Oh Mann, ist das schön. So könnte ich hier stundenlang sitzen", schwärmte ich, als ich mit sanften Händen im Gesicht massiert wurde. Nach ungefähr einer halben Stunde durfte ich die Augen wieder öffnen, und was mich da vom Spiegel aus anstarrte, haute mich um.

„Wow, wer ist das denn?", fragte ich mein Spiegelbild.

„Das sieht echt hammer aus. Was Schminke aus einem machen kann", schwärmte ich weiter. Mit einem guten Gefühl wurde ich entlassen und schlappte als neuer Mensch in den Aufenthaltsraum.

Dort erwarteten mich bereits meine beiden Brüder, und auch die staunten nicht schlecht.

Die Begrüßung war wahnsinnig herzlich.
„Wir haben dir von zu Hause was mitge-
bracht", grinste mein großer Bruder.
„Damit du hier in Köln nicht verhungerst
und die Heimat nicht vergisst."
Er hielt mir eine Packung Käsewiener unter
die Nase. Diese Würste waren damals eine
meiner Leibspeisen. Darum freute ich mich
natürlich sehr, wusste aber dennoch nicht so
recht, wohin mit der Wurstpackung.
„Wisst ihr was: Sollte ich weiterkommen, wird
das unser Siegeressen sein", beschloss ich.
Dann packte ich das Wurstpäckchen schnell
in meine Tasche.

— — — —

Der Countdown für die große 10er-Show
begann. Es gab noch mal letzte Anweisungen an uns Kandidaten und kurze Kamera-
proben. Die Nervosität wuchs von Minute
zu Minute. Ich sah, wie die anderen Kandidaten an ihren mitgebrachten Glücksbrin-
gern rumfummelten – ich hatte gar nicht an
so etwas gedacht. Da hatte ich die zünden-
de Idee.

„Lugge, lauf doch mal schnell los, und hol
mir die Käsewiener", bat ich ihn.
 „Für was brauchst du die jetzt? Hast du
Hunger, Schwesterlein?", fragte er verblüfft.
„Nein, ich brauch' nur noch einen Glücks-
bringer."
Mit einem breiten Grinsen lief Lugge los und
holte die Packung mit den eingeschweißten
Würsten. Dann wurden uns die Moderatoren
Carsten Spengemann und Michelle Hunziker
vorgestellt. Und dann ging es los.

– – – –

Als eine der letzten Kandidatinnen meiner
Runde war ich an der Reihe. Vor Aufregung
konnte ich die Auftritte der anderen gar
nicht richtig genießen. Mit zitternden
Knien saß ich neben Michelle Hunziker,
die allen Kandidaten kurz vor ihrem Auftritt
noch mal ein paar Fragen stellen wollte.
„Wir kommen zu unserer nächsten Kandidatin: Elisabeth aus Bayern, die das „R"
genauso schön rollt wie ich. Hallo Elisabeth.
Wie geht's dir?", fragte sie gut gelaunt.
„Danke gut. Ich bin sehr aufgeregt",

waren die wenigen Worte, die ich heraus-
brachte.

„Sag mal, Elisabeth, was hast du eigentlich
in der Hand?", fragte sie mit einem amüsier-
ten Blick auf meine Wurstpackung.

„Das sind Käsewiener aus meiner Heimat",
antwortete ich und erntete Gelächter von
allen Seiten. Von da an hatte ich den wunderschönen Namen „Würstl-Elli", der mich
bis zum Finale begleitete. Ob es letztendlich
an den Käsewienern oder an meinem Auftritt
oder vielleicht sogar an beidem lag, kann ich
nicht mehr sagen. Auf alle Fälle ging anschließend bei meinem Auftritt alles glatt, und
sogar Dieter Bohlen war begeistert.

„Die zweite Kandidatin, die in die Mottoshows einziehen darf, ist Elisabeth", verkün-
dete Michelle Hunziker. Jubelnd lief ich zu
meinen Brüdern, und wir fielen uns um den
Hals.

DIE MOTTOSHOWS

„Du hast eine wunderschöne, gefühlvolle Ballade gesungen. Gäbe es ein Wunschkonzert, dann würde ich sagen, sing das Lied noch mal. Ich fand's einfach klasse!", sagte Thomas Stein euphorisch und nickte mir zu.

Das Lob fühlte sich ein bisschen so an, als würde ich einige Zentimeter über dem Boden schweben.

Nach ein paar erholsamen Tagen zu Hause stand der Einzug in die DSDS-Villa an. Dort sollte ich mit den anderen Kandidaten die nächsten Wochen leben. Ich hatte mich für die Zeit bei DSDS an der Uni extra freistellen lassen und mein Studium dafür auf Eis gelegt. Die anderen Teilnehmer hatten es zum Teil nicht so leicht wie ich. Ein Kandidat hat sogar für DSDS seine Lehre abgebrochen, um teilnehmen zu können.

Den Begriff „Villa" hatte das DSDS-Haus in jedem Fall verdient. Voller Vorfreude, was uns drinnen erwartet, betraten die anderen zwölf Kandidaten und ich die beeindruckende Empfangshalle der Gründerzeitvilla. Ulla und Paul, die sich als unsere Hauseltern vorstellten, begrüßten uns herzlich.

„Fühlt euch hier wie zu Hause. Und jetzt, ab nach oben mit euch. Sucht euch eines der Zimmer aus."

Wir stürmten wie die Irren nach oben und konnten uns erst gar nicht entscheiden.

Ich betrat eines der vielen Zimmer und sah Steffen, einen meiner Mitstreiter, schon auf einem der zwei Betten sitzen.

„Hey Steffen, was hältst du davon, wenn wir beide uns das Zimmer in nächster Zeit teilen?", fragte ich ihn.

„Klar, gerne. Komm rein", antwortete er, und ich schmiss mich auf das leere Bett. Als alle Zimmer bezogen waren, gingen wir auf große Erkundungstour, und es gab wirklich viel zu entdecken. Wir staunten nicht schlecht, als wir das so genannte Kaminzimmer betraten.

„Hier lässt sich voll krass abhängen", schwärmte einer der Kandidaten und ließ sich auf die

gemütlichen Kissen vor dem Kamin fallen.
„Hey, da können wir echt gemütliche Abende
bei einem offenen Feuer verbringen", malte
ich mir in Gedanken aus. Dazu kam es leider
nie, da wir die Zeit nicht hatten. Aber das
wussten wir zu dem Zeitpunkt noch nicht.
Das nächste Highlight war das Musikzimmer,
in dem ein riesiger Flügel stand. Benny saß
bereits dort und klimperte eine schöne Melodie. Nach und nach tröpfelten auch die anderen in den Raum, und wir begannen, zusammen zu singen. Irgendwie fühlte es sich an,
als würden wir uns auf die gemeinsame Zeit
hier einstimmen.

– – – –

Bis zur ersten Mottoshow waren es noch zwei
Wochen. Und die waren extrem durchgeplant.
Unser Tag als Kandidaten begann immer sehr
früh. Um 6.30 Uhr hieß es aufstehen.
„Nach dem Frühstück geht's ab ins Studio.
Um acht treffen wir uns vor dem Haus",
wurden wir von Ulla und Paul zur Eile ange-
trieben. Mit einem Kleinbus wurden wir dann
von unseren Hauseltern nach Ossendorf ge-

fahren. „Und wo sollen wir jetzt hin?", fragte ich etwas orientierungslos, als wir schließlich aus dem Bus stiegen.

„Geht erst mal rein. Dort hängen Listen aus. Da könnt ihr dann nachsehen, wer wann welchen Termin hat", erklärte Ulla.

Zuerst stand „körperliche Ertüchtigung" für alle auf dem Plan.

„Ihr müsst fit für die Bühne sein. Da ist es wichtig, dass ihr regelmäßig Sport macht", meinte die Choreografin. Sie legte fetzige Musik ein und legte los mit Aerobic.

Auf meinem Plan stand als Nächstes Gesangscoaching. Dort wurden die Lieder für die jeweils nächste Show gemeinsam geübt und die Liedtexte durchgesprochen.

Jeder Kandidat hatte auch immer wieder einen Termin bei einer Psychologin. „Bei mir kannst du schweigen, entspannen oder über Probleme sprechen. Ganz wie du magst", meinte die Psychologin. Der Termin bei ihr tat immer wieder ganz gut.

Im Studio war auch die Garderobe, in der beim „Fitting" die Klamotten für die nächste Show ausgewählt und anprobiert wurden. Außerdem gab es ständig überall einen

Happen zu essen. Und natürlich immer wieder Wartezeit für jeden Einzelnen zwischen den Terminen. Immer mittwochs war der Pressetag. Wir Kandidaten wurden dann in einen Extraraum gebeten. Dort saß jeder in einer Ecke, und wir gaben am Telefon Interviews für Zeitungen oder Radiosender.

So ein Tag im Studio ging dann oft erst gegen 21 Uhr zu Ende. Dann wurden wir von Ulla und Paul wieder im Bus zur Villa gekarrt.

– – – –

Das Thema der ersten Mottoshow war „Mein Pop-Idol". Eine meiner großen musikalischen Vorbilder war und ist Melissa Etheridge. Leider hatte ich ja beim allerersten Casting in München den Text einer ihrer Lieder vergessen. Diesmal wollte ich es richtig machen. Ich probte, was das Zeug hielt, und war mir sicher, dass es diesmal klappen würde.

Am Tag der Show wurden wir schon sehr früh ins Studio gebracht. Ich wusste, dass meine Familie und Freunde bereits auf dem Weg nach Köln waren, um mich abends lautstark zu unterstützen.

Nach Generalprobe, Maske und Styling durchlebte ich einen Mix aus Übelkeit und Vorfreude, bis es endlich um kurz vor acht ins Studio hinter die Kulissen ging. Durch einen Spalt konnte ich einen Blick ins Publikum werfen, und ich sah plötzlich viele bekannte Gesichter.

„Mama, Papa!", rief ich laut und winkte hektisch.

Mir gelang es wirklich, auf mich aufmerksam zu machen, und ungefähr 20 Hände winkten wie verrückt zurück.

„Jetzt geht's gleich los!", wurden alle Kandidaten von einem Redakteur zum Schweigen gebracht. Dann hörten wir die Titelmelodie.

– – – –

Alle Kandidaten betraten die Bühne, und wir wurden von den beiden Moderatoren einzeln vorgestellt. Nacheinander mussten nun die Auftritte absolviert werden. Wir, die hinter der Bühne blieben, konnten alles mitverfolgen und drückten natürlich jedem die Daumen.

„Stell dir vor, wie viele Menschen uns heute sehen", raunte ich Steffen etwas atemlos zu.

„Allein im Studio sitzen ja schon 1000 Leute",
flüsterte er zurück.

„Ich darf grad' gar nicht daran denken, wie
viele vor dem Fernseher sitzen und uns
sehen", stellte ich fest.

Kurz vor meinem Auftritt wurde noch ein
kleines Filmchen über meinen Weg bis hier-
hin zu den Mottoshows gezeigt.

– – – –

„Und jetzt begrüßt mit einem Riesenapplaus
auf der Bühne: Elli!", wurde ich von Carsten
Spengemann angesagt. Ab jetzt verlief alles
wie im Film. Ich rockte, was das Zeug hielt,
und fühlte mich auf der Bühne irgendwie
wie zu Hause. Nachdem der Applaus des
Publikums verklungen war, stellte ich mich
dem Urteil der Jury. Bis auf Dieter Bohlen
waren alle von meiner Darbietung begeistert.

„Mir war das alles zu aggressiv. Mehr Gefühl
wäre schön gewesen", meinte der Pop-Titan.
Das Publikum buhte ihn sofort dafür aus,
und ich konnte mir ein Schmunzeln nicht
verkneifen.

Über das Weiterkommen entschieden die Zuschauer zu Hause durch Anrufe für ihren Favoriten. Darauf mussten wir Kandidaten nach der Show über eine Stunde warten. Die Verkündung des Urteils wurde auch wieder live übertragen. Wir saßen auf weißen Sofas auf der Bühne, auf der wir vorher aufgetreten waren.

„Wir fragen nun die Jury. Wer, glaubt ihr, muss heute Abend nach Hause gehen?", fragte Carsten Spengemann, als die Kameras liefen. Mein Name fiel, Gott sei Dank, nicht. Nach weiteren endlosen Minuten bekam endlich jeder einzelne Kandidat sein Ergebnis. Dabei hielten wir uns tapfer an den schweiß-nassen Händen.

„Thomas Stein meinte, dass du heute Abend so gut wie Melissa Etheridge gesungen hast", leitete Michelle Hunziker die Urteilsverkün-dung ein. „Aber das Publikum hat entschieden. Sie wollen nicht Melissa Etheridge sehen – sondern dich, Elli! Du bist eine Runde weiter." Die Kamera schwenkte ganz nah an mich he-ran. Ich grinste breit von einem Ohr bis zum anderen. Man konnte jede meiner Lachfalten in Großaufnahme sehen. Dann zeigte das

Bild meine Familie, die jubelnd von ihren Sitzen aufsprang.

– – – –

Etwas traurig war es schon, dass wir uns nach der Show von Ricky und Jessica verabschieden mussten. Die beiden mussten am nächsten Tag aus der Villa ausziehen und zurück nach Hause in ihr altes Leben. Für uns andere Kandidaten ging der Traum weiter.

In den nächsten drei Mottoshows bemühte ich mich, die Kritik von Dieter Bohlen ernst zu nehmen und mehr Gefühl zu zeigen. Und der Plan ging auf. Ich kam Runde für Runde weiter.

In der fünften Mottoshow bekamen wir die Aufgabe, das Thema „Elton John meets Madonna" umzusetzen. Wir Mädels sollten uns für einen Song von Madonna entscheiden, was mir unglaublich schwerfiel. Ich war nämlich kein so großer Fan von Madonna. Letztendlich konnte ich mich für das Lied *American Pie* erwärmen.

„Für deinen Song hab' ich mir eine tolle Choreografie mit einem Stuhl ausgedacht", meinte meine Tanztrainerin.

„Du beginnst den Song rittlings auf dem Stuhl sitzend. Dann stehst du langsam auf und schiebst den Stuhl von dir weg. Am Ende setzt du dich langsam wieder drauf", erklärte sie mir.

„Puh, ich weiß nicht, ob das so gut aussieht", antwortete ich skeptisch. Trotzdem probierte ich es aus. Eigentlich passte das gar nicht zu mir.

– – – –

„Ist es ein schlechtes Zeichen, wenn ich gestern geträumt habe, dass ich mit dem Madonna-Song rausfliege?", fragte ich Denise, als wir abends in der Villa zusammen beim Essen saßen.

„Ja, ich denke schon. Warum?", erwiderte sie gelassen.

„Na, dann flieg' ich morgen raus", antwortete ich resigniert.

„Ach Quatsch, du machst das schon!", mischte sich Benny ein.

„Bleib einfach am Ende des Songs lange auf deinem Stuhl sitzen, lache und winke in die Kamera", gab er mir Tipps. Ich lächelte ihn dankbar an. Aber diesmal glaubte ich nicht so recht an mich.

Der Morgen am Tag der fünften Mottoshow verlief wie immer: gemeinsam frühstücken in der Villa, Fahrt zum Studio, Maske, Styling, Generalprobe. Das komische Gefühl, heute rauszufliegen, ließ mich einfach nicht los.

Als mein Auftritt angesagt wurde, klopfte mir das Herz bis zum Hals. Ich hockte mich auf meinen Stuhl, der in der Mitte der Bühne bereitstand. Dann atmete ich noch einmal tief durch und legte los. Der Auftritt verlief ohne Zwischenfälle. Am Ende beherzigte ich Bennys Tipps. Ich lächelte und winkte wie verrückt.

„Ich hab' nicht so recht begriffen, was du uns mit dem Stuhl zeigen wolltest", urteilte Thomas Stein.

„Das sah eher nach einem harten Stuhlgang aus. Du hast schon bessere Nummern ab-geliefert."

Ich bedankte mich artig für die Rückmel-dung. Leider bestätigte das nur noch mehr mein schlechtes Gefühl.

Bis zur Entscheidung blieb mein Puls auf ge-fühlten 180. Dann lagen die Ergebnisse der Anrufer vor.

„Elli, Thomas Bug meinte, dein Auftritt heute wäre erst nach fünf Bier erträglich gewesen", sagte Carsten Spengemann mit bedauernder Stimme. Jetzt war es also so weit: Ich würde rausfliegen. Ich wollte mich gerade erheben, um mich zu verabschieden. Doch dann sprach Carsten Spengemann weiter.

„Aber das Publikum hat anders entschieden. Wir sehen dich nächste Woche wieder."

Ich fiel Gunter, der neben mir saß, um den Hals. Wahrscheinlich konnte jeder den Fels-brocken hören, der mir vom Herzen fiel. Ich hatte es wieder eine Runde weiter geschafft.

— — — —

Für die Mottoshow zum Thema Filmmusik durften wir einige Tage vorher zur Vorberei-tung in die Filmstudios nach Babelsberg fah-ren. Dort werden normalerweise Stuntszenen für Kinofilme und das Fernsehen gedreht. Die Redaktion hatte sich ausgedacht, dass jeder Kandidat bei einer waghalsigen Szene gefilmt werden sollte. Dieser kleine Film sollte vor unseren Auftritten in der Show ausgestrahlt werden. Philipp bekam die Aufgabe, mit brennender Kleidung herumzulaufen. Benny zettelte eine gespielte Schlägerei an. Meine Aufgabe war es, mit einem Motorrad über eine Rampe zu springen. Was sich schrecklich gefährlich anhörte, war in Wirklichkeit aber nur gestellt. Den Sprung über die Rampe machte natürlich ein professioneller Stuntman. Anschließend zog ich seine Motorradkleidung an und fuhr damit ein paar Runden auf dem Motorrad. Später sollten die Szenen so zusammengeschnitten werden, dass es aussah, als wäre ich selbst über die Rampe gesprungen.

Die Szene war schnell im Kasten, aber ich konnte einfach nicht genug kriegen.

„Darf ich noch eine Runde fahren?", fragte ich den Motorradstuntman. Schließlich war es ja seine Maschine.

„Ja, aber sei bitte vorsichtig, und fahr langsam", mahnte er mich mit einem Augenzwinkern. Ich nickte lachend und gab Gas. Als ich meine Runde schon fast beendet hatte, passierte es. Der viel zu lange Ärmel der Motorradkleidung verhakte sich am Gashebel. Ich konnte nicht mehr vom Gas gehen. Ungebremst raste ich auf eine schiefe Ebene zu.

Dann flog ich – erst vom Motorrad, dann hart auf Bahnschienen, die dort am Boden verliefen. Schließlich fiel das Motorrad noch direkt auf mich drauf. Und dann wurde es schwarz um mich herum.

– – – –

Als ich wieder zu mir kam, sah ich etliche besorgte Gesichter, die sich über mich beugten. „Elli, kannst du mich hören?", fragte mich Steffi, eine unserer Kandidatenbetreuerinnen. „Ja, geht schon wieder", antwortete ich tapfer. „Kannst du aufstehen?", wollte sie wissen. Ich versuchte es. Ich schaffte es wirklich auf die Beine, aber es tat mir alles weh. Mittlerweile war auch ein Krankenwagen eingetroffen. Ich wurde auf eine Trage verfrachtet und sofort ins Krankenhaus gebracht.

„Da haben Sie aber ganz schön Glück gehabt. Gut, dass Sie unter der Kleidung Protektoren getragen haben. Sonst wäre das Ganze schlimmer ausgegangen", gab der Arzt Entwarnung, nachdem er mich untersucht hatte. Trotzdem musste ich eine Nacht zur Beobachtung im Krankenhaus bleiben. Am nächsten Tag fühlte ich mich, als hätte mich ein Bus überrollt. Dennoch wollte ich auf keinen Fall in der nächsten Mottoshow aussetzen. Weil die Schmerzen immer noch andauerten, betrat ich die Bühne mit einem schicken Gehstock. Das Positive an dieser Situation war, dass ich endlich mal keine High Heels anziehen musste, sondern flache Schuhe tragen durfte. Auch wenn ich etwas angeschlagen war, meine Stimme funktionierte wunderbar. Mein Song kam sowohl beim Publikum als auch bei der Jury gut an, und ich war wieder eine Runde weiter.

DAS FINALE

Dieter Bohlen zuckte mit den Schultern. „Gesanglich eine gute Leistung, aber laut ist nicht immer gut, es hat mich nicht wirklich berührt". Doch Thomas Bug war anderer Meinung. „Es ist ja eigentlich ein Männertitel, aber du hast es großartig gelöst, sehr guter Auftritt", lobte er mich. Ich lächelte und bedankte mich für beide Rückmeldungen. Das Publikum ermutigte mich mit einem großen Applaus.

In unserer DSDS-Villa wurde es immer leerer. Jede Woche gab es traurige Gesichter, wenn wieder einer der Kandidaten ausgeschieden war. Nach zehn Mottoshows waren nur noch Denise und ich übrig geblieben. Wir hatten nun ein riesiges Haus für uns alleine. Obwohl wir viel Platz hatten und eigentlich ja Konkurrentinnen waren, verbrachten wir gerne und viel Zeit miteinander.

„Hättest du damit gerechnet, so weit zu kommen?", fragte mich Denise eines Morgens beim Frühstück.

„Hätte mir vor ein paar Monaten jemand gesagt, dass ich im Finale bei DSDS stehen werde, hätte ich ihm einen Vogel gezeigt", antwortete ich lachend.

Um fürs Finale noch Stimmen zu sammeln, wurden wir getrennt voneinander auf große Wahlkampftour geschickt. Und zwar in einem Nightliner. Das ist ein Bus mit Betten, DVD-Player und Couchecke – total gemütlich. Außen an dem Bus war ein riesiges Bild von mir drauf, sodass jeder, wirklich jeder, sehen konnte, wer da drin saß. Für mich wurde ein echter Traum wahr. Wir hatten viele Stationen vor uns. Dabei bereiste ich vor allem den Süden Deutschlands, also meine Heimat Bayern. Eine der vielen Städte, in denen wir stoppten, war Regensburg.

– – – –

„Das Erste, was wir heute machen, ist, an die Schule fahren, an der du schon während deines Studiums als Praktikantin warst", meinte Steffi, meine Tourbetreuerin.

„Mann, bin ich aufgeregt", gab ich zu.

„Da wird ganz schön viel los sein. Wir haben uns dort angemeldet, und die sind schon total aus dem Häuschen", machte sie mich noch nervöser. Als wir ankamen, sah ich haufenweise Schüler an den offenen Fenstern mit Plakaten stehen.

„Elli, wir lieben dich. Elli, du bist unser Superstar", kreischten sie, als ich aus dem Bus stieg. Das war also die Wirklichkeit. Bisher wurden ich und die anderen Kandidaten ja gut in der DSDS-Villa abgeschottet und wir hatten von „draußen" nicht so viel mitbekommen. Aber jetzt war ich mittendrin, und mir wurde das erste Mal so richtig bewusst, wie viele Menschen jeden Samstag diese Sendung guckten.

„Hier lang", lotste mich ein Security-Mitarbeiter aus dem Bus ins Haus. Ich wurde ins Lehrerzimmer gebracht, wo ich vor meinem Auftritt noch einen Kaffee trank. Dann ging es los. In der Aula war eine kleine Bühne aufgebaut.

„Elli, Elli", jubelten die Schüler im Publikum mir zu. Ich griff zum Mikrofon und begann, zu singen. Die Kids dankten es mit einem riesigen Applaus.

„Kann ich ein Autogramm haben?", wurde ich nach dem Auftritt von vielen Zuschauern gefragt. Natürlich konnten sie. Der Andrang war unglaublich. Das war aber noch gar nichts im Vergleich zu dem, was mich an diesem Tag noch erwartete. Nach der Schule ging es dann zum Bürgermeister, wo ich mich ins Goldene Buch der Stadt Regensburg eintragen durfte. Dann fuhren wir weiter in meine Heimatstadt Geiselhöring. Auch da durfte ich mich ins Goldene Stadtbuch eintragen. Anschließend fuhren wir wieder zurück nach Regensburg zum örtlichen Radiosender Gong fm. Und dann kam das Highlight des Tages: Ein Auftritt mit der *Gong fm Band* auf einem großen Platz in Regensburg.

– – – –

„Oh mein Gott, der Bus wird ja schon verfolgt!", meinte ich zu Steffi, als wir auf dem Weg in die Innenstadt waren und ich einen Blick aus dem Fenster warf. Steffi grinste. Am Platz angekommen, wurde ich in ein Schuhgeschäft hinter der Bühne verfrachtet, wo ich bis zum Auftritt warten sollte. Durch die Glasscheiben konnte ich etwas sehen, das mich unglaublich nervös werden ließ: Tausende Menschen warteten auf mich. Unglaublich!

„Du kannst raus auf die Bühne. Toi, toi, toi!", ermutigte mich Steffi. Mit zitternden Knien tapste ich nach draußen. Die Zuständigen und ein paar Securitys begleiteten mich. Ein Typ ging vor mir, einer hinter mir und noch zwei jeweils rechts und links. Und das war auch nötig. Vom Geschäft zur Bühne waren es vielleicht 20 Meter, der Bereich hinter der Bühne war aber nicht abgesperrt. Also standen da auch Menschen, durch die wir uns durchkämpfen mussten.

„Los, Mädel, das schaffen wir", meinte ein Security. Kurzerhand ging er in die Hocke und nahm mich Huckepack. Das war so krass und machte mir, ehrlich gesagt, Angst.

„Aber ich bin's doch nur", rief ich den Leuten rechts und links zu, die an meinen Klamotten zerrten.

„Wir haben's gleich geschafft", meinte Steffi zuversichtlich. Aber ich konnte ihr ansehen, dass sie auch ziemlich Schiss hatte.

Nach einer gefühlten Ewigkeit war ich dann endlich auf der Bühne. Was mich da erwartete, übertraf alles bisher Erlebte. Der ganze Platz war voll. Ein paar Leute saßen sogar auf Laternenmasten, um besser sehen zu können. Wieder andere waren auf die Dächer der Fressbuden geklettert oder enterten die Balkone rund um den Platz. Es war unglaublich. Die Leute schrien und klatschten und hörten gar nicht mehr auf.

„Hey, schön, euch zu sehen", begrüßte ich erstmal meine alten Bandkollegen.

„Komm her, Elli. Lass dich drücken." Ich umarmte alle Musiker; wir freuten uns, uns endlich wiederzusehen. Und dann legten wir direkt los. Einen Hit nach dem anderen. Ich war wie in Trance.

„Am Samstag ist ja das große Finale von *Deutschland sucht den Superstar*, in das ihr mich gewählt habt. Helft mir, das Ding nach Hause zu fahren!", forderte ich die Leute auf. Die Masse jubelte.

„Und sollte ich durch eure Hilfe gewinnen, werde ich euch das alles zurückgeben", versprach ich. Das wurde mit einem Applaus belohnt. Ich wurde von der Bühne direkt in

einen kleinen Bus verfrachtet, der mit Polizei-
eskorte Regensburg verlassen musste. Unsere
nächste Station war München. Auf dem Weg
dorthin hielten wir noch kurz auf einem
Autobahnrasthof. Dort traf ich meine Familie
und Freunde. Wir lagen uns lange in den
Armen. Ich wollte sie alle gar nicht mehr
loslassen.

„Jetzt merke ich gerade, wie sehr ich euch
vermisse", gestand ich ihnen unter Tränen.
Aber es half alles nix, wir mussten weiter.
Nach ein paar weiteren Tagen auf Tour waren
wir wieder zurück in Köln, und die letzten
Proben und Vorbereitungen für das große
Finale standen an. Gesangstraining, Styling
und viele, viele Interviews.

— — — —

„Ich bin unter den letzten Zwei von über
20 000 Bewerbern. Ich flipp' aus", musste ich
mir mehrmals täglich sagen, um es glauben
zu können.
Der Finaltag begann eigentlich wie immer.
Denise und ich trafen uns sehr früh zum
Frühstücken im Haus, dann wurden wir

abgeholt und zum Studio gebracht. Dort fand die Generalprobe statt, bevor wir in die Maske und zum Styling mussten. Eigentlich wie gehabt – bis auf die Tatsache, dass es die letzte Sendung war. Und dass eine von uns beiden die nächste Gewinnerin von *Deutschland sucht den Superstar* sein würde.

„Ich kann noch gar nicht recht begreifen, dass nach der Sendung heute alles vorbei sein soll", meinte Denise in der Maske zu mir.

„Geht mir genauso. Ich bin gespannt, was uns da so erwartet", erwiderte ich. Viel Zeit zum Nachdenken hatten wir an dem Tag, Gott sei Dank, nicht. Ständig waren Leute um uns rum, die etwas von uns wollten. Dies lag vor allem auch daran, dass Denise und ich uns geweigert hatten, den Finalsong von Dieter Bohlen so zu singen, wie er war.

„Warum habt ihr euch denn dagegen entschieden?", fragte ein Journalist.

„Uns fehlt einfach der Bezug zu uns und dem Song", antwortete ich geduldig.

„Und er passt nicht zu unseren Stimmen", unterstützte mich Denise.

- - - -

Der Siegersong von Dieter Bohlen war uns einige Tage vorher von Leuten aus der Musik- redaktion von DSDS vorgespielt worden. Denise und ich wurden ins Musikzimmer der Villa gebeten.

„Hört euch das Lied erst einmal in Ruhe an", forderte einer der Redakteure uns auf. Er be- fürchtete wohl schon vorher, dass der Song eine echte Zumutung für uns war. Und so war es dann auch.

„Das Lied ist eine echte Frechheit", regte ich mich auf, als die letzten Töne verklungen waren.

„Der Text klingt wie lieblos hingeklatscht", gab Denise mir Recht.

„Das werden wir so nicht singen", meinte ich aufgebracht. Denise schaute mich etwas ängstlich an.

„Können wir uns denn dagegen wehren?", fragte sie vorsichtig.

„Und ob!", gab ich mich kämpferisch.

Nach einem Gespräch mit Denise unter vier Augen beschlossen wir beide, den Song zu boykottieren.

„Und wie stellt ihr euch das vor?", wollte einer der Musikredakteure wissen.

Ich sah Denise fest an. Dann antwortete ich: „Wir wollen an dem Text mitschreiben. Und bei der Melodie mitreden."

Nachdem wir uns erfolgreich widersetzt hatten, wurde der Song noch mal etwas überarbeitet. Es wurde ein Studiotermin vereinbart. Gemeinsam mit dem Gesangscoach veränderten wir den Song, sodass wir beide damit leben konnten. Und wir haben ihn brav eingesungen. Das Ergebnis konnte sich auch hören lassen. *This is my life* hieß der Song. Am Ende gab es zwei Versionen des Liedes: eine „Bohlen-Nummer" und unsere Version, die rockiger klang. Mit Dieter Bohlen gab es anschließend eine Aussprache. Er nahm unsere Mitsprache gelassen hin, und damit war die Sache vom Tisch.

– – – –

In der Presse wurde das Ganze jedoch riesig aufgebauscht. In den Zeitungen war zu lesen, dass wir durch den Erfolg wohl schon etwas abgehoben seien und jetzt nicht mehr mit Bohlen zusammenarbeiten wollten. Aber so war das nicht. Durch diese Geschichte habe ich das erste Mal so richtig gespürt, wie schwierig es manchmal für einen sein kann, in der Öffentlichkeit zu stehen.

„Die drehen einem ja das Wort im Mund um", beschwerte ich mich über die Berichte in der Presse.

„Da stehen Dinge, die ich nie gesagt habe."

„Nichts ist so alt wie die Zeitung von gestern", meinten unsere Kandidatenbetreuer.

„Nehmt das alles nicht so ernst. Das geht auch wieder vorbei."

Denise und ich nickten tapfer. Diese Worte halfen ein bisschen. Aber so ganz vergessen kann ich manche Sachen bis heute noch nicht.

– – – –

Der Beginn der Sendung war dieses Mal ganz anders als sonst. Wir wurden mit zwei schwarzen Limousinen zu einem roten Teppich vor dem Studio gefahren, an dem jubelnde Fans mit Plakaten standen. Ins Studio selbst liefen wir über Treppen ein, die direkt durchs Publikum zur Bühne führten.

„Viel Glück, Elli", riefen mir Menschen zu, die ich gar nicht kannte. Jemand klopfte mir auf die Schulter. An diesem Abend mussten Denise und ich jeweils drei Lieder singen. Ich trat mit *Like the way I do* von *Melissa Etheridge* und mit *Out of reach* von *Gabrielle* auf. Dann kam natürlich noch der Siegersong *This is my life.* Der wurde von uns beiden gesungen. Das hieß 3-mal sterben vor Aufregung, 3-mal umziehen, 3-mal vor der Jury stehen. Es lief alles wie am Schnürchen. Die Jury war an diesem Abend fast schon zu nett, das Publikum auf Hochtouren. Wir hatten die Sendung geschafft. Und jetzt war ein letztes Mal warten auf die Entscheidung angesagt.

„Eigentlich bin ich jetzt ganz ruhig. Wir haben es ja eh nicht mehr in der Hand ", flüsterte ich Denise zu.

„Trotzdem ist die Spannung kaum auszuhalten", meinte Denise. Nach einer gefühlten Ewigkeit war dann der Moment der Entscheidung da. Wir standen auf der Bühne, und es passierte das, was bei jeder Castingshow zu sehen ist. Die Verkündung wurde bis ins Unendliche hinausgezögert. Ich glaube, Denise und ich konnten uns nur noch auf den Beinen halten, weil wir uns gegenseitig stützten.

„Du gewinnst, da bin ich mir sicher", flüsterte sie mir ins Ohr.

Und ich erwiderte: „Nein, du gewinnst."

So ging das noch ein paar Mal hin und her, bis wir die Worte „Der neue Superstar 2004 ist …" hörten.

„OH, MEIN GOTT, ich kann nicht mehr!", schrie es in meinem Kopf. Und dann rief jemand wie aus weiter Ferne „ELLI!"

— — — —

„Elli", flüsterte Denise und umarmte mich. Langsam sickerte es zu mir durch. Von mir fiel innerhalb von Sekunden der ganze Druck der letzten Wochen ab. Meine Knie waren nur noch Wackelpudding und knickten ein. Das lag aber nicht nur an der ganzen Aufregung, sondern auch an den wahnsinnig ungemütlichen hohen Schuhen, die ich wieder mal tragen musste. Ich klappte in den Armen von Denise zusammen. So saß ich noch eine ganze Weile auf dem Boden, bis mich Carsten Spengemann wieder auf die Beine hob.

„Und wie fühlst du dich jetzt?", fragte er mich. Ich wusste überhaupt nicht, was ich sagen sollte. Was sagt man in so einem Moment?

„Danke an all die Menschen, die für mich angerufen haben und mich die letzten Monate unterstützt haben", brachte ich krächzend hervor.

„Natürlich wollen wir jetzt noch mal deinen Siegersong *This is my life* von dir hören. Hier ist Elli, der neue deutsche Superstar 2004 mit ihrer ersten Single *This is my life!*", kündigte mich Michelle an. Carsten hatte mich zur Bühne gebracht, weil er wohl Angst hatte, dass ich umfallen könnte.

So stand ich nun auf der Bühne als frischgebackener Superstar, dem die Füße wehtaten. Also entschloss ich mich kurzerhand, einfach die Schuhe auszuziehen. Gedacht, getan. Ich pfefferte sie von der Bühne. Das Publikum klatschte begeistert. Um mich rum flogen Konfetti, hinter mir gingen ein paar Funkenfontänen hoch. Wow, irgendwie wie Silvester – und Geburtstag und Weihnachten und Ostern zusammen! Ich sang meinen Siegersong und fühlte mich wie in einem Traum. Ab der Mitte des Lieds standen plötzlich alle meine Mitstreiter aus den

Mottoshows mit mir auf der Bühne. Und dann machten sie etwas echt Irres: Sie packten mich und hievten mich über ihre Köpfe. Ich war wie in Trance und sang einfach weiter. Nach dem Lied rannte ich von der Bühne und fiel meinen Eltern und meinen Brüdern um den Hals. Die standen da schon mit einer riesigen Torte.

– – – –

„Elli, ich gratuliere dir, aber pass auf dich auf. Und vergiss nie, wo du herkommst", flüsterte mir mein Vater ins Ohr.
„Das werde ich nicht", versprach ich ihm. Dann drehte ich mich zu allen anderen.
„Jetzt wird erst einmal gefeiert", rief ich in die Runde meiner Freunde und Bekannten, die extra fürs Finale nach Köln gekommen waren. Bevor ich aber überhaupt annähernd ans Feiern denken konnte, hatte ich noch einen wahren Interviewmarathon hinter mich zu bringen.
„Wie fühlst du dich als neuer Superstar?", wollte ein Journalist von mir wissen und hielt mir sein Mikrofon unter die Nase. Ich holte

Luft, um zu antworten, aber da hagelte es bereits andere Fragen.

„Was hast du gedacht, als du deinen Namen gehört hast?", fragte mich ein anderer Reporter.

„Wie geht's jetzt weiter bei dir?", wollte einer wissen.

Das waren nur einige von vielen Fragen, die mir gestellt wurden. Ich räusperte mich und gab, ohne zu stottern, meine Antworten.

Als wenn ich nie was anderes gemacht hätte, meisterte ich die Situation ziemlich professionell, wie ich finde. Und dann konnte ich endlich feiern, und das tat ich bis elf Uhr morgens am nächsten Tag. Ich hatte die Party meines Lebens. Wir feierten im Studio in Ossendorf. Dort war dann alles versammelt, was Rang und Namen hatte. Viele Stars und Sternchen waren gekommen. Auch der Superstar der letzten Staffel, Alexander Klaws. Es gab ein riesiges Buffet, einen DJ, der Musik auflegte, und Tänzer, die eine tolle Show boten. Natürlich feierten auch meine Familie und meine Freunde, die zum Finale nach Köln gekommen waren, mit. Und alle anderen Kandidaten und Verantwortlichen für DSDS.

Es waren bestimmt 400 Leute dabei. Ich konnte es kaum glauben. Ich war der neue deutsche Superstar. Irre. Das Finale war erst der Anfang. Ich war sehr neugierig darauf, was jetzt auf mich zukommen würde. Und ich war bereit dafür.

MEIN LEBEN ALS SUPERSTAR

„Ob Rock oder Pop oder jetzt 1960er-Jahre, es hat sich in den letzten Wochen gezeigt, dass deine Stimme alle Variationen draufhat, alle Musikrichtungen trägt. Gratulation von meiner Seite", lobte mich Shona Fraser. Dann grinste sie: „Dein Auftritt war echt hammermäßig!"
Und ich fühlte mich auch hammermäßig. Wow!

Nach meiner durchfeierten Nacht fing gleich am nächsten Tag mein neues Leben als Superstar an. Etwas verkatert wurde ich am Nachmittag für ein großes Gewinner-Interview für die DSDS-DVD abgeholt.
„Bist du fit?", fragte mich Kerstin, meine neue Managerin.
Ich schüttelte gähnend den Kopf und grinste.
„Na ja, hilft ja nix. Ich freu' mich jetzt total.

Und heute Abend geh' ich einfach früh ins Bett, und dann sieht's morgen schon wieder ganz anders aus", gab ich ziemlich verpennt zurück.

„Du hast die nächste Zeit einen echt vollen Terminkalender", stimmte mich Kerstin auf die folgenden anstrengenden Tage ein. „Da wirst du deine ganzen Kräfte brauchen. Ständig Partyfeiern ist da vielleicht etwas ungünstig", meinte sie. Ich sollte schnell merken, dass das stimmte.

– – – –

Nach dem Interview hatte ich den Rest des Tages frei. Den nutzte ich dafür, einfach mal abzuhängen und ein bisschen Schlaf nachzuholen. Auf dem Plan für die nächsten Tage standen unter anderem auch der Videodreh für meine neue Single *This is my life*. Der sollte in Nürnberg stattfinden und einen ganzen Tag dauern. Na ja, es war mein erster Dreh, und das machte mich auch ein bisschen nervös. Das Ganze fand an zwei verschiedenen Orten statt. Ein Teil wurde in einem wunderschönen Loft gedreht, das im Video meine

Wohnung sein sollte. Stimmte natürlich nicht, aber das ist ja oft so bei der „gemachten" Welt in Film und Fernsehen. Ein anderer Drehort war ein tolles, altes Theater in Nürnberg, in dem ich auf einer Bühne einen Auftritt mit einer Band hatte. In dem Video wurde dann sozusagen eine Geschichte erzählt. Und die war etwas komisch. In meinem Leben in dem Video sollte ich eine Taxifahrerin sein. Und nach der Arbeit war ich Musikerin aus Leidenschaft, und mein größter Wunsch war es, mit der Musik erfolgreich zu sein. Und das wurde ich im Video dann auch.

„Wer hat sich denn die Geschichte mit der Taxifahrerin ausgedacht?", fragte ich Kerstin, die jetzt rund um die Uhr an meiner Seite war.

„Das war der Regisseur des Videos. Die Plattenfirma hat dem zugestimmt", antwortete sie mir.

Ich nahm das dann einfach mal so hin …

– – – –

Weitere Termine auf meiner Liste waren dann noch Stefan Raabs TV Total, Sendungen auf

VIVA und KIKA und viele andere Auftritte im Fernsehen. Außerdem musste ich ja auch noch mit meinen Mitkandidaten aus den Mottoshows für eine große Celebration-Show üben, die auch wieder bei RTL ausgestrahlt wurde.

Wer in dieser Zeit immer sehr wichtig für mich war, war meine Familie. Als das erste Treffen mit Plattenfirma und Management in Berlin anstand, bat ich meinen Vater, mitzukommen.

„Papa, nächste Woche treffe ich mich mit meiner Plattenfirma, um zu besprechen, was mit mir alles gemacht werden soll. Wann zum Beispiel meine erste Platte veröffentlicht werden soll und so. Kannst du bitte mitkommen?", fragte ich ihn. Mein Vater hasst große Städte. Trotzdem sagte er sofort zu.

„Na klar komme ich mit. Vier Augen und Ohren sehen und hören immer mehr", versprach er. Dass er mich ohne weiteres Nachdenken begleitete, zeigte mir, wie wichtig ich ihm war. Und das war ein gutes Gefühl!

Ich brachte nach ewigem Hin und Her dann im November 2004 meine CD *Shout it out* raus. Das Album verkaufte sich mittelmäßig. Ich glaube, das lag vor allem daran, dass ziemlich viel Zeit zwischen dem DSDS-Finale und dem Erscheinen der CD lag. Was an dem Album aber toll war: Ich durfte einige eigene Stücke, die ich vorher schon mit *Panta Rei* gemacht hatte, einbringen. Mit den Songs von der CD gab es dann auch jede Menge Auftritte. Ich reiste mit meiner Band, Musikern aus Bayern, die ich selbst ausgewählt hatte, durch Deutschland, Österreich und die Schweiz. Außerdem wurde ich auch eingeladen, im Fernsehen aufzutreten, z.B. im ZDF-Fernsehgarten oder bei VIVA. Mein Leben ging also turbulent weiter.

– – – –

Nach der ersten CD wollte ich nicht weiter mit Dieter Bohlen zusammenarbeiten. Wir hatten einfach einen zu unterschiedlichen Musikgeschmack. Und ich wollte mich nicht als „weich gespülte Poptante" vermarkten lassen. Anfang 2005 lief dann auch mein Platten- und Managementvertrag aus. Den musste jeder Teilnehmer bei DSDS schon

ganz am Anfang der Castingshow unter-
schreiben. Darin war festgelegt, dass die
Sieger-CD von Dieter Bohlen produziert
wurde. Daran hatte ich mich gehalten. Aber
jetzt musste ich überlegen, was und wie ich
weitermachen wollte.

Mir war ein Mensch aus der DSDS-Zeit ganz
besonders ans Herz gewachsen: Thomas Stein.
Er war und ist für mich so etwas wie mein
Mentor und väterlicher Freund. Er hatte mir
schon ganz am Anfang bei meiner Bewerbung
für DSDS gesagt, dass er meine Stimme toll
findet. Und das hat er mir auch während der
Show immer wieder gezeigt. Nach dem Finale
hatte er mir angeboten, mich wegen Verträgen und anderem Kram zu beraten.

„Wenn du eines Tages aus deinen Verträgen
raus bist, dann ruf mich doch an, und wir
machen was zusammen", bot er mir kurz
nach dem Finale an. Das hatte ich nicht vergessen. Und vor allem hatte ich bei ihm das
Gefühl, dass er genau wusste, wie ich so ti-
cke, und dass er vor allem meine Stimme sehr
mochte.

– – – –

„Hallo Thomas, hier ist die Elli. Ich wäre jetzt wieder zu haben", scherzte ich, als ich ihn schließlich anrief. Thomas Stein hielt Wort und fing sofort an, zu planen. Das Erste, was ich mit ihm zusammen machte, war ein Trip nach Amerika.

„Kennst du DHL?", fragte Thomas Stein mich eines Tages.

„Dieser Paketdienstservice?", fragte ich etwas verwirrt.

„Die wollen einen firmeninternen Song haben, den sie an DHL-Mitarbeiter auf der ganzen Welt verschicken. Ich möchte den gerne mit dir in einem Studio in Amerika aufnehmen." Ich war baff. Ich war noch nie in meinem Leben in Amerika. Wir machten uns auch ziemlich bald auf den Weg, und ich hatte wirklich eine geniale Zeit dort. Das Studio gehörte einem Typen namens Gary Baker. Ich hatte diesen Namen vorher noch nie gehört.

„Kennst du das Lied *I swear*?", fragte mich Thomas am Flughafen in München auf dem Weg nach Nashville.

„Klar, das war quasi die erste Single, die ich mir gekauft habe. Warum?", guckte ich ihn fragend an.

„Na, dieses Lied hat Gary geschrieben, und dafür hat er auch einen Grammy gewonnen", erzählte mir Thomas total unaufgeregt. Und eben zu dieser lebenden Legende waren wir jetzt auf dem Weg.

„Oh, mein Gott, und das erzählst du mir jetzt erst." Ich war total aus dem Häuschen. Ich hatte die Ehre, mit einem Superduperproduzenten ein Lied aufzunehmen, und das auch noch in den USA. Ich, die kleine Elli, aus einem kleinen Dorf in Bayern, die vor DSDS nur wenige kannten.

Ich sang in diesem Studio nicht nur den DHL-Song ein, sondern lernte dort auch ganz viele tolle, neue Menschen kennen. Mit denen fing ich an, neue Songs zu schreiben.

„Dein nächstes Album nehmen wir in Amerika auf", schlug Thomas vor. Ich war natürlich einverstanden.

„Und ich weiß, dass du jetzt schon etwas auf eigenen Beinen stehen kannst", grinste er. Also flog ich noch einmal ohne ihn in die USA. Dort traf ich mich mit den Musikleuten vom letzten Mal und mit dem Produzenten Gary. Bald hatten wir einen ganzen Sack voller neuer Lieder. Thomas und ich entschieden uns für *Can't deny it* als erste Single des neuen Albums *Moving on*. Dann hieß es wieder Videodreh für die Single. Und wie sollte es anders sein: Der Dreh fand in Amerika statt. Und zwar in der Wahnsinnsstadt Los Angeles. Wir fuhren mit dem Kamerateam in die Wüste rund um L.A. zu den so genannten Joshua Trees. Gary war beim Videodreh auch mit dabei, schließlich hatte er den Song mitgeschrieben. Mann, war das ein Erlebnis. In der Wüste durfte ich mit einem alten Käfer durch die Gegend fahren. Das Ergebnis ließ sich dann auch wirklich sehen. Ich war echt stolz auf das Musikvideo.

– – – –

Meine ganze Geschichte klingt ganz wunderbar, und das war es auch für mich. Aber es gab natürlich auch die Schattenseiten des Erfolgs. Wenn man bei einer Castingsendung wie *Deutschland sucht den Superstar* gewinnt, ist nicht immer alles Friede, Freude, Eierkuchen. Man muss sich mit vielen Kritikern und Geldmachern, wie zum Beispiel Radiosendern und Konzertveranstaltern, rumschlagen. Mir wurden immer wieder Steine in den Weg gelegt.

„Wir wollen keine Castingkünstler bei unserem Konzert", kam zum Beispiel auf Konzertanfragen zurück.

„Wir spielen keine Castingacts bei uns im Radiosender", war die oft ernüchternde Einstellung der Radiosender. Ich bekam also sehr schnell zu spüren, dass der erste Erfolg nicht immer langfristigen Erfolg mit sich bringt.

„Manchmal könnte ich ausflippen. Wenn wenigstens zurückkommen würde, dass meine Musik nicht zum Sender oder zum Festival passt, dann könnte ich ja damit umgehen, aber so ist es echt schwer", erzählte ich eines Tages meiner Mama am Telefon, als ich wieder mal einen blöden Tag hatte. Ich wollte einfach als Musikerin gesehen werden, und nicht als die Pop-Tussi die „nur" durch eine Castingshow bekannt geworden ist. Schließlich war meine Musik alles andere als „poptussig".

„Du darfst nicht aufgeben, sondern musst für deinen Erfolg kämpfen", machte sie mir Mut. Auch Denise ermutigte mich immer wieder. Wir haben bis heute regelmäßig Kontakt.

So ein gemeinsames Finale schweißt einfach zusammen.

– – – –

Also kämpfte ich weiter. Und das tat ich mit Thomas Stein und einem kleinen Team an meiner Seite. Wir brachten das Album *Moving on* raus. Ich versuchte, mit meiner Band so viele Auftritte zu spielen, wie wir nur irgendwie bekommen konnten. Aber es gab eben auch viele Absagen, weil ich immer wieder in die DSDS-Schublade gesteckt wurde. Und gelegentlich gab es auch Streit mit den Musikern aus der Band. Es ging dann meistens darum, wie die Gage, die wir verdienten, aufgeteilt werden sollte.

„Manchmal wünsche ich mir, es wäre noch so wie damals mit *Panta Rei*", heulte ich mich eines Tages bei Nina aus.

Sie tröstete mich. Aber trotzdem ging in den Jahren nach DSDS langsam die Leichtigkeit verloren. Die Auftritte wurden weniger, das Publikum auch.

Irgendwie war ich aber auch nicht mehr so richtig glücklich mit der Musik. Es ging viel zu oft um Geld und Neid. Ich merkte, dass ich Niederlagen nicht mehr so leicht wegstecken konnte, weil sie zu häufig passierten. „Warum können die Leute nicht einfach erst mal meine Musik hören und sich dann ihr Urteil bilden? Warum heißt es immer gleich 'Ach, DSDS, das ist doch alles nur Plastik, die können doch nix", wollte ich von meinem Bruder ziemlich verzweifelt wissen.

„Schwester, lass dich nicht unterkriegen. Die haben halt keine Ahnung. Du wirst schon noch rausfinden, wo deine Reise hingehen soll", versuchte er, mich zu trösten.

„Vielleicht solltest du jetzt doch einfach mal darüber nachdenken, Lehrerin zu werden", ließ mein Vater nicht locker. Ich konnte ihn ja verstehen, aber ich hatte irgendwie immer noch das Gefühl, dass da noch mehr drin war. Dass ich noch nicht alles ausprobiert hatte.

– – – –

Also beschloss ich 2008, ganz alleine nach Amerika zu fliegen, um dort weiter Songs zu schreiben, meine ersten Auftritte in den USA zu spielen und mich selbst zu finden. Das klingt jetzt bestimmt total bescheuert. Aber das musste ich wirklich. Denn ich wusste nicht mehr so richtig, was ich eigentlich vom Leben wollte. Ich hatte über Myspace eine Musikerin aus Atlanta/Georgia kennengelernt, die mir in den USA einige Auftritte verschafft hatte. Mein erster Auftritt war ein Support-Gig für eine Künstlerin aus der Gegend. Ich war echt schrecklich nervös. Ich musste jetzt nicht mehr nur auf Englisch singen, sondern auch noch die Ansagen zwischen den Songs auf Englisch machen.

„She came all the way from Germany and she won the German version of American Idol. A warm welcome to Elli from Germany!", wurde ich von einem Typen namens Lanny angekündigt. Das Publikum tobte. Mit dieser Reaktion hatte ich nicht gerechnet. In Deutschland hatte ich immer sehr großen Wert darauf gelegt, meine Herkunft, also DSDS, zu verschweigen. Immerhin hieß es bei Radiosendern und so, dass gecastete Musiker nur „gemacht und hochgepuscht" wären. Darum war der Ruf von Castingge-winnern in Deutschland eher schlecht. Diese Reaktion des amerikanischen Publikums zog sich durch meine ganze Reise. Überall wurde ich bejubelt, und alle fanden es hier toll, dass ich DSDS-Gewinnerin war. Ich hatte das erste Mal das Gefühl, dass es gut war, was ich in meinem Leben bisher geschafft hatte. Ich musste mich für nichts schämen, sondern konnte stolz drauf sein.

MEIN LEBEN HEUTE

„Elli, ich find' dich wirklich authentisch.
Du bist keine Barbiepuppe, sondern eine
richtige Rockröhre", sagte Shona Fraser
anerkennend und lächelte mich an.
Dann wurde ein Videoclip über mich
eingespielt, der vor ein paar Tagen aufge-
nommen worden war. Darin grinste ich
in die Kamera und meinte: „Ich bleibe die
Elli zum Anfassen!"

Nach diesem Trip beschloss ich dann auch,
mich von Thomas Stein zu trennen und mein
eigenes Plattenlabel zu gründen. Es gab eine
Abmachung mit Thomas. Gleich zu Beginn
unserer Zusammenarbeit sagte er: „Wenn
es mit uns beiden funktioniert, ist es super.
Wenn nicht, haben wir mit Zitronen gehan-
delt." Er meinte damit, dass wir dann eben
Pech gehabt hätten. Aber keiner müsste auf
den anderen sauer sein.

Bei Thomas Stein hatte sich seit meinem Sieg bei DSDS einiges verändert. Er war nicht mehr der Chef der großen Plattenfima, sondern war bei einem neuen, kleineren Label. Dann wurde er noch einmal Vater und hatte ziemlich viele Sachen um die Ohren. Darunter litt auch unsere Zusammenarbeit. Ich hatte das Gefühl, dass sich Thomas nicht mehr wirklich um mich kümmern konnte, weil er eben so viele Baustellen in seinem Leben hatte. Oft bekam ich keine Rückmeldung, wenn ich ihm etwas schickte oder einen Rückruf wollte. Das frustrierte mich. Darum bat ich Thomas um ein Treffen.

„Ich will nicht mehr. Ich möchte unseren Vertrag auflösen", platzte ich gleich zu Beginn des Gesprächs heraus. Thomas sah mich an. Er war weder besonders überrascht noch irgendwie sauer.

„Ich möchte mein eigenes Label gründen", erklärte ich.

Thomas nickte.

„O.k., wenn du Fragen dazu hast, wie du das am besten aufziehst, ruf mich an. Du kannst dich jederzeit bei mir melden."

Ich war wirklich dankbar, dass die Trennung von Thomas Stein so problemlos funktionierte. Wir halten bis heute Kontakt zueinander.

– – – –

Den Namen für mein eigenes Plattenlabel hatte ich mir auch schon ausgedacht. *1773 Records* sollte es heißen. Wenn man nämlich diese Zahlen auf den Kopf stellt, ergibt es ELLI. Ich machte mich sofort an die Planung meiner ersten eigenen CD. Netterweise stellte mir Gary in Amerika sein Studio für drei Wochen zur Verfügung. Ich machte mit den Jungs, die dort im Studio arbeiteten und die Platte mit mir einspielen und produzieren wollten, die Songs und den Termin klar.
Die Zeit im Studio und die Produktion der Platte war wohl die wichtigste Erfahrung, die ich in meinem Leben gemacht habe. Ich konnte endlich selbst entscheiden, wie die Platte klingen sollte und welche Lieder draufkommen sollten. Ich hatte das erste Mal seit Langem wieder richtig Spaß am Musikmachen, und das Ergebnis ließ sich auch hören. Ich kann mich noch gut an den Moment er-

innern, als ich mit meiner neuen fertigen CD
auf dem Balkon saß und sie ganz laut über
Kopfhörer anhörte. Ich war so gerührt, dass
mir die Tränen kamen. Ich hatte es ganz
alleine geschafft. Na ja, nicht ganz alleine.
Ich hatte tolle Menschen an meiner Seite,
die mir geholfen haben. Aber die Idee dafür
war ganz alleine in meinem Kopf, und ich
hab' sie rausgelassen.

„Auch wenn die CD mir nicht den großen
Erfolg bringt, hab' ich trotzdem was, auf das
ich mein Leben lang stolz sein kann", sagte
ich zu meiner Mutter. Die war erst etwas
skeptisch, da so eine Produktion natürlich
viel Geld kostet.

„Du bist alt genug, und du wirst schon
wissen, was du tust", meinte sie schließlich.
Außerdem hatte ich immer einen Plan B in
der Tasche. Ich hatte 2005 noch das erste
Staatsexamen für Lehramt an Realschulen
in den Fächern Musik und Sport gemacht.
Und mein Plan war es, mit 30 zu gucken,
wo ich mit der Musik stand. Dann wollte
ich entscheiden, ob ich die Musik weiter als
meinen Beruf ausübe oder es wieder zu
meinem Hobby mache und Lehrerin werde.

Aber bis dahin hatte ich noch ein bisschen Zeit.

– – – –

Als meine CD *HUMAN* dann endlich komplett fertig war, brachte ich 2009 die Single *Shadows* auf den Markt und kurz drauf das Album. Und es wurde gekauft. Natürlich nicht so viel, wie es bei Künstlern der Fall ist, die bei großen Plattenfirmen unter Vertrag sind, aber für meine Verhältnisse war es schon ganz ordentlich. Ich hatte ja außerdem noch Auftritte, auf denen die CDs wie geschnitten Brot weggingen. Ich hatte also mein Ziel erreicht. Und das ist es auch, worauf es ankommt: sich ein Ziel zu setzen und es nicht aus den Augen zu verlieren, auch wenn nicht immer alles rund läuft.

– – – –

Dann kam mein 30. Geburtstag, und ich tat das, was ich mir vorgenommen hatte: Ich dachte über meinen Plan B nach. Heute bin ich Lehrerin in Düsseldorf an einer Realschule und unterrichte Jugendliche in den Fächern Musik und Sport.

„Warum sind Sie denn eigentlich Lehrerin, Frau Erl, und sitzen nicht in Ihrem Haus auf Mallorca?", war eine der ersten Fragen, die mir ein Schüler stellte, als ich auf meine Schule kam.

„DSDS heißt nicht, dass man sein Leben lang Superstar ist. Man sollte immer einen Plan B haben", antwortete ich ihm lachend. Und das ist es auch, was ich versuche, meinen Schülern zu vermitteln. Musik ist etwas ganz Tolles und wird mich mein Leben lang begleiten, aber die Musikbranche ist ein hartes Geschäft, in dem manches auch Schein ist. Ich bin glücklich, dass ich das miterleben durfte. Aber ich bin auch froh, auf meine Eltern gehört zu haben, die mir immer wieder gesagt haben, dass alles auch ganz schnell vorbei sein kann.

– – – –

Durch DSDS habe ich viel fürs Leben gelernt. Ich wusste ja schon vorher, dass Erfolg nicht vom Himmel fällt und man dafür auch etwas tun muss. Aber durch die Castingshow ist mir klargeworden, dass die Welt des Showgeschäfts oft mehr Schein als Sein ist. Alles sieht wunderbar und toll aus. Aber in Wirklichkeit ist es ein hartes Geschäft – und man kann sehr enttäuscht werden. Ich hätte sowieso nie meine Ausbildung für DSDS aufgegeben. Und das kann ich auch nur allen anderen raten. Wenn man die Schule und seine Ausbildung abbricht und alles auf eine Karte setzt, hat man nichts, wenn es schiefgeht. Ich habe aufgehört, zu denken, dass als Superstar alles cool ist. Aber meine Träume werde ich nie aufgeben! Und das ist es auch, was ich euch mit auf den Weg geben möchte: Glaubt an euch, kämpft für eure Träume, und arbeitet hart an euch. Aber vergesst auch nie, dass man einen Plan B haben sollte. Ein Superstar zu sein, ist nicht alles im Leben, und auch ohne ein Star zu sein, kann man seine Träume leben!

RUN AWAY

Musik: Kristen Hall, Elisabeth „Elli" Erl
Lyrics: Kristen Hall, Elisabeth „Elli" Erl

I get sooo sick of myself
Never will be someone else
I think about changing
I don't know if I can
No matter how hard I try, here I am

I can't run run run away from me

Always one foot in my mouth
All the wrong words keep falling out
I wanna be a hero
I want to be loved
nothing I do is good enough

Is there anybody outthere
To keep me company
If you're crazy and you don't care
Sing it with me

Deutsche Übersetzung
LAUF WEG

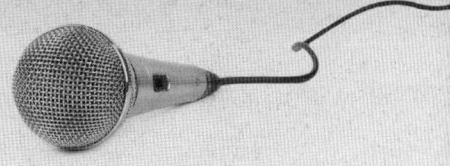

Musik: *Kristen Hall, Elisabeth „Elli" Erl*
Lyrics: *Kristen Hall, Elisabeth „Elli" Erl*

Ich bin sooo angewidert von mir
Nie werde ich jemand anders sein
Ich denke über eine Veränderung nach
Ich weiß nicht, ob ich es kann
Ganz gleich, wie sehr ich es versuche,
   hier bin ich

Ich kann nicht vor mir weglaufen, laufen, laufen

Ich trete immer ins Fettnäpfchen
All die falschen Wörter fallen ständig aus
   mir heraus
Ich will ein Held sein
Ich will geliebt werden
Nichts, was ich mache, ist gut genug

Ist irgendjemand da draußen
Um mir Gesellschaft zu leisten
Wenn du verrückt bist und es dir völlig egal ist
Sing es mit mir